Italijos skoniai 2023

Mėgaukitės pasaulinės klasės skoniais savo virtuvėje

Giuseppe Larini

TURINYS

sūrus pyragas 9

porų pyragas 12

Mocarelos, baziliko ir skrudintų pipirų sumuštiniai 14

Sumuštiniai su špinatais ir robiola 16

Riviera sumuštinis 18

Trikampiai tuno ir skrudintų pipirų sumuštiniai 21

Trikampiai kumpio ir figų sumuštiniai 23

Amaretto kepti obuoliai 25

Livijos obuolių pyragas 27

Abrikosai citrinų sirupe 30

Uogos su citrina ir cukrumi 32

Braškės su balzamiko actu 34

Avietės su maskarpone ir balzamiko actu 36

Vyšnios Barolo mieste 38

karštai skrudinti kaštonai 40

figų konservai 42

Figos, pamirkytos šokolade 44

Figos vyno sirupe 46

Doros keptos figos 48

Medus mėtų sirupe 50

Apelsinai apelsinų sirupe 51

Gratin apelsinai su zabaglione 53

Baltieji persikai Asti Spumante 55

Persikai raudoname vyne 56

Amaretti įdaryti persikai 57

Kriaušės apelsinų padaže 59

Kriaušės su Marsala ir grietinėle 61

Kriaušės su šiltu šokoladiniu padažu 63

Kriaušės su romu prieskoniais 65

Prieskonių kriaušės su Pecorino 67

Virtos kriaušės su Gorgonzola 69

Kriaušių arba obuolių pudingo pyragas 71

šiltas vaisių kompotas 74

Venecijos karamelizuoti vaisiai 76

Vaisiai su medumi ir grapa 78

žiemos vaisių salotos 80

Ant grotelių kepti vasaros vaisiai 82

šilta rikota su medumi 84

rikotos kavos 85

Maskarponė ir persikai 87

Šokolado putos su avietėmis 89

Tiramisu 91

braškių tiramisu 93

itališka smulkmena 95

sabayon 97

Šokoladas Zabaglione 99

Šalta zabaglione su raudonomis uogomis 101

Citrinų želė 103

Apelsinų romo želė 105

Skrudinti Briuselio kopūstai 107

Briuselio kopūstai su Pancetta 109

Auksiniai kopūstai su česnaku 111

Susmulkinti kopūstai su kaparėliais ir alyvuogėmis 113

Kopūstas su rūkyta šonine 115

kepti kardonai 116

Kardonai su Parmigiano-Reggiano 118

Kreminiai erškėčiai 120

Morkos ir ropės su Marsala 122

Skrudintos morkos su česnaku ir alyvuogėmis 124

Morkos kreme 125

saldžiarūgščios morkos 127

Marinuoti baklažanai su česnakais ir mėtomis 129

Ant grotelių kepti baklažanai su šviežių pomidorų padažu 131

Baklažanų ir mocarelos „Sumuštiniai" 133

Baklažanai su česnakais ir žolelėmis 135

Neapolietiško stiliaus baklažanų lazdelės su pomidorais 137

Baklažanai, įdaryti Prosciutto ir sūriu 139

Baklažanai, įdaryti ančiuviais, kaparėliais ir alyvuogėmis 142

Baklažanai su actu ir žolelėmis 145

Kepti baklažanų kotletai 147

Baklažanai su aštriu pomidorų padažu 149

Baklažanų parmigiana 151

keptas pankolis 153

Pankoliai su parmezano sūriu 155

Pankoliai su ančiuvių padažu 157

Žaliosios pupelės su petražolėmis ir česnaku 159

Žaliosios pupelės su lazdyno riešutais 161

Žaliosios pupelės su žaliu padažu 163

Žaliųjų pupelių salotos 164

Žaliosios pupelės pomidorų ir baziliko padaže 166

Šparaginės pupelės su šonine ir svogūnu 168

Šparaginės pupelės su pomidorų padažu ir šonine 170

Žaliosios pupelės su Parmigiano 172

Vaško pupelės su alyvuogėmis 174

špinatai su citrina 176

Špinatai ar kitos daržovės su sviestu ir česnaku 178

Špinatai su razinomis ir pušies riešutais 180

Špinatai su ančiuviais, Pjemonto stiliaus 182

Escarole su česnaku 184

Kiaulpienė su bulvėmis 186

Grybai su česnaku ir petražolėmis 188

Grybai, Genujos stiliaus 190

kepti grybai 192

grietinėlės grybai 194

Kepti kreminiai įdaryti grybai 196

Grybai su pomidorais ir žolelėmis 198

grybai marsaloje 200

ant grotelių kepti grybai 202

kepti grybai 204

Grybų gratinas 206

Austrių grybai su dešra 208

marinuotos paprikos 210

Paprikos su migdolais 212

sūrus pyragas

Makaronai Frolla Salata

Padaro 9–10 colių pyrago plutą

Skanų į kišą panašų pyragą galima pagaminti iš sūrio, kiaušinių ir daržovių. Šie pyragaičiai yra geri kambario temperatūroje arba karšti ir gali būti patiekiami kaip vienintelis piatto (vieno patiekalo patiekalas) arba kaip užkandis. Ši tešla tinka visų rūšių pikantiškiems pyragams.

Šią tešlą paskirstau tarp dviejų plastiko lakštų. Neleidžia tešlai prilipti prie lentos ir kočėlo, todėl nereikia dėti daugiau miltų, nes tešla gali tapti kieta. Kad apačia būtų traški plutelė, prieš dedant įdarą lukštą iš dalies apkepu.

1 1/2 stiklinės universalių miltų

1 arbatinis šaukštelis druskos

1 1/2 puodelio (1 lazdelė) nesūdyto sviesto, kambario temperatūros

1 kiaušinio trynys

3–4 šaukštai ledinio vandens

1. Paruoškite tešlą: dideliame dubenyje sumaišykite miltus ir druską. Statiniu maišytuvu arba šakute supjaustykite sviestą, kol mišinys taps panašus į stambius trupinius.

2. Kiaušinio trynį išplakite su 2 šaukštais vandens. Pabarstykite mišinį ant miltų. Lengvai maišykite, kol tešla tolygiai sudrėkins ir susijungs, nebus lipni. Jei reikia, įpilkite likusį vandenį.

3. Su tešla suformuokite diską. Apvyniokite plastiku. Šaldykite 30 minučių arba per naktį.

4. Jei tešla buvo šaldytuve per naktį, leiskite jai pailsėti kambario temperatūroje 20–30 minučių prieš iškočiodami. Padėkite tešlą tarp dviejų plastikinės plėvelės lakštų ir iškočiokite į 12 colių apskritimą, apversdami tešlą ir perstatydami plastikinę plėvelę su kiekvienu apsisukimu. Nuimkite viršutinį plastikinės plėvelės lakštą. Naudodami likusį lakštą tešlai pakelti, tešlos dalį plastikine puse į viršų įdėkite į 9–10 colių pyrago formą su nuimamu dugnu. Nuimkite plastikinę plėvelę. Švelniai įspauskite tešlą į dugną ir išilgai šonų.

5. Apvyniokite kočėlą ant keptuvės viršaus ir nupjaukite išsikišusią tešlą. Tešlą prispauskite prie keptuvės kraštų, kad susidarytų aukštesnis už keptuvės kraštą. Tešlos apvalkalą 30 minučių atšaldykite šaldytuve.

6. Orkaitės groteles padėkite į apatinį orkaitės trečdalį. Įkaitinkite orkaitę iki 450° F. Šakute 1 colio intervalais subadykite pyrago lukšto dugną. Kepkite 5 minutes, tada vėl pradurkite tešlą. Kepkite, kol iškeps, dar 10 minučių. Išimkite kevalą iš orkaitės. Leiskite atvėsti ant grotelių 10 minučių.

porų pyragas

Crostata di Porri

Padaro nuo 6 iki 8 porcijų

Aš valgiau šį pyragą enoteca arba vyno bare Bolonijoje. Riešutinis Parmigiano ir grietinėlės skonis sustiprina saldų porų skonį. Galima gaminti ir su troškintais grybais ar paprikomis vietoj porų.

1 receptassūrus pyragas

Įdaryti

4 vidutiniai porai, apie 1 1/4 svaro

3 šaukštai nesūdyto sviesto

Druska

2 dideli kiaušiniai

^{3}1/4 puodelio riebios grietinėlės

1/3 puodelio šviežiai tarkuoto Parmigiano-Reggiano

šviežiai tarkuoto muskato riešuto

šviežiai maltų juodųjų pipirų

1. Paruoškite ir iš dalies apkepkite plutą. Sumažinkite orkaitės temperatūrą iki 375 ° F.

2. Paruoškite įdarą: nupjaukite porų šaknis ir daugumą žalių galiukų. Perpjaukite juos per pusę išilgai ir labai gerai nuplaukite tarp kiekvieno sluoksnio po šaltu tekančiu vandeniu. Porus supjaustykite plonais skersiniais griežinėliais.

3. Didelėje keptuvėje ant vidutinės ugnies ištirpinkite sviestą. Suberkite porus ir žiupsnelį druskos. Virkite, dažnai maišydami, kol porai pradurti peiliu suminkštės, apie 20 minučių. Nuimkite keptuvę nuo ugnies ir leiskite atvėsti.

4. Vidutiniame dubenyje suplakite kiaušinius, grietinėlę, sūrį ir žiupsnelį muskato riešuto. Įdėkite porų ir pipirų pagal skonį.

5. Supilkite mišinį į iš dalies iškepusį pyrago kevalą. Kepkite 35–40 minučių arba kol įdaras sustings. Patiekite šiltą arba kambario temperatūros.

Mocarelos, baziliko ir skrudintų pipirų sumuštiniai

Panini di Mozzarella

Padaro 2 porcijas

Kartais gaminu šį sumuštinį baziliką pakeisdama rukola, o raudonąsias paprikas – prosciutto.

4 uncijos šviežio mocarelos sūrio, supjaustyto į 8 griežinėliais

4 riekelės kaimiškos duonos

4 švieži baziliko lapeliai

¼ puodelio skrudintų raudonųjų arba geltonųjų paprikų, supjaustytų plonomis juostelėmis

1. Mocarelos griežinėlius nupjaukite, kad tiktų ant duonos. Jei mocarela sultinga, išdžiovinkite. Vienu sluoksniu uždėkite pusę sūrio ant dviejų duonos riekelių.

2. Baziliko lapelius ir paprikas išdėliokite ant sūrio ir uždėkite likusią mocarelą. Ant viršaus uždėkite likusią duoną ir stipriai prispauskite rankomis.

3. Įkaitinkite sumuštinių presą arba grilio keptuvę. Įdėkite sumuštinius į spaudą ir kepkite, kol apskrus, maždaug 4–5 minutes. Jei naudojate skrudinimo keptuvę, ant viršaus padėkite sunkų svorį, pvz., keptuvę. Apverskite sumuštinius, kai jie apskrus iš vienos pusės, ant viršaus uždėkite svorį ir paskrudinkite kitą pusę. Patiekite karštą.

Sumuštiniai su špinatais ir robiola

Panino di Spinaci ir Robiola

Padaro 2 porcijas

Focaccia prideda gražaus skonio ir tekstūros presuotam paniniui. Špinatus galima pakeisti kitomis daržovėmis arba naudoti daržovių likučius. Sūriui mėgstu naudoti robiola – minkštą kreminį sūrį, pagamintą iš karvės, ožkos ar avies pieno arba derinį iš Pjemonto ir Lombardijos. Kitos galimybės yra šviežias ožkos sūris arba net plaktas grietinėlės sūris. Įpilkite lašą ar du trumų aliejaus įdarą, kad įgautumėte žemišką skonį ir prabangos atspalvį.

1 pakuotė (10 uncijų) šviežių špinatų

4 uncijos šviežio robiola arba ožkos sūrio pakaitalas

Triufelių aliejus (nebūtina)

2 kvadratai arba griežinėliai šviežios focaccia

1. Špinatus sudėkite į didelį puodą ant vidutinės ugnies su 1/4 puodelio vandens. Uždenkite ir virkite 2–3 minutes arba kol suminkštės ir suminkštės. Nusausinkite ir atvėsinkite. Apvyniokite špinatus į nepūkuotą audinį ir išspauskite kuo daugiau vandens.

2. Smulkiai supjaustykite špinatus ir sudėkite į vidutinį dubenį. Suberkite sūrį ir susmulkinkite špinatus su sūriu. Jei norite, įpilkite lašą ar du trumų aliejaus.

3. Naudodami ilgą dantytą peilį, atsargiai perpjaukite focaccia per pusę horizontaliai. Ištepkite mišinį ant apatinių focaccia pusių vidinės pusės. Uždėkite sumuštinių viršūnes ir švelniai išlyginkite.

4. Įkaitinkite sumuštinių presą arba grilio keptuvę. Jei naudojate presą, sumuštinius sudėkite į presą ir kepkite, kol apskrus, maždaug 4–5 minutes. Jei naudojate broilerių keptuvę, įdėkite sumuštinius į keptuvę, tada ant viršaus dėkite sunkų svorį, pvz., keptuvę.

5. Kai viena pusė bus aukso rudos spalvos, apverskite sumuštinius, uždėkite svarelį ir paskrudinkite kitą pusę. Patiekite karštą.

Riviera sumuštinis

Panino della Riviera

Padaro 4 porcijas

Geografinė siena, skirianti Italiją ir Prancūziją, taip pat nereiškia skirtumo tarp abiejų pusių vartojamo maisto. Dėl panašaus klimato ir geografijos Italijos ir Prancūzijos pakrantėse gyvenančių žmonių mitybos įpročiai yra labai panašūs. Pavyzdys yra prancūziškas pan bagnat ir itališkas pane bagnato, reiškiantis „mirkyta duona", kuri Italijoje kartais vadinama Rivjeros sumuštiniu. Šis sultingas sumuštinis, užpiltas gyvu vinaigreto padažu, įdarytas tunu ir prancūziškai skrudintais pipirais. Italijos pasienio pusėje tunas pakeičiamas mocarela ir dedama ančiuvių, tačiau visa kita yra beveik tokia pati. Tai puikus sumuštinis piknikams, nes skoniai puikiai dera ir jis tik gerėja toks, koks yra.

1 kepalas itališkos duonos, maždaug 12 colių ilgio

Tvarstis

1 česnako skiltelė, labai smulkiai susmulkinta

1/4 puodelio alyvuogių aliejaus

2 šaukštai acto

1/2 arbatinio šaukštelio džiovinto raudonėlio, sutrupinto

Druska ir šviežiai malti juodieji pipirai

2 prinokę pomidorai, supjaustyti

1 (2 uncijos) skardinė ančiuvių

8 uncijos supjaustytos mocarelos

2 skrudintos paprikos, nuluptos ir išskobtos su jų sultimis

12 aliejuje vytintų alyvuogių, be kauliukų ir susmulkintų

1. Duonos kepalą perpjaukite išilgai pusiau ir išimkite minkštą duoną iš vidaus.

2. Nedideliame dubenyje sumaišykite padažo ingredientus ir pusę užpilo užpilkite ant nupjautų duonos šonų. Apatinę duonos dalį uždėkite pomidorais, ančiuviais, mocarela, skrudintais pipirais ir alyvuogėmis, kiekvieną sluoksnį apšlakstydami trupučiu padažo.

3. Uždėkite sumuštinio viršų ir suspauskite. Suvyniokite į foliją ir uždenkite lenta arba sunkia keptuve. Leiskite pastovėti kambario temperatūroje iki 2 valandų arba laikykite šaldytuve per naktį.

4. Supjaustykite į 3 colių pločio sumuštinius. Patiekite kambario temperatūroje.

Trikampiai tuno ir skrudintų pipirų sumuštiniai

Tramezzini su Tonno ir Pepperoni

Padaro 3 sumuštinius

Kai kurie tie patys skoniai iš sotaus Riviera sumuštinio patenka į šį dailų trikampį sumuštinį, kurį išbandžiau mėgstamoje romėnų kavinėje. Tunas buvo pagardintas pankolio sėklomis, bet aš mėgstu jas pakeisti pankolių žiedadulkėmis, kurios yra tik sumaltos pankolių sėklos, bet turi daugiau skonio. Šiais laikais jį naudoja daugelis šefų ir jo galima rasti gurmaniškose parduotuvėse, kurių specializacija yra džiovintos žolelės, taip pat interneto svetainėse. Jei nerandate pankolių žiedadulkių, pakeiskite pankolio sėklas, kurias galite sumalti prieskonių trintuvėje arba susmulkinti peiliu.

1 nedidelė skrudinta raudonoji paprika, nusausinta ir supjaustyta plonomis juostelėmis

Pirmo spaudimo alyvuogių aliejus

Druska

1 skardinė (3 1/2 uncijos) itališko tuno, supakuoto į alyvuogių aliejų

2 šaukštai majonezo

1-2 arbatinius šaukštelius šviežių citrinų sulčių

1 valgomasis šaukštas susmulkinto žalio svogūno

1 arbatinis šaukštelis pankolių žiedadulkių

4 riekelės geros kokybės baltos duonos

1. Pakepintus pipirus sumaišykite su trupučiu aliejaus ir druskos.

2. Tuną nusausinkite ir sudėkite į dubenį. Tuną gerai susmulkinkite šakute. Sumaišykite majonezą, citrinos sultis pagal skonį ir žalią svogūną.

3. Ant dviejų duonos riekelių paskleiskite tuną. Ant viršaus uždėkite pipirų juosteles. Uždenkite likusia duona, lengvai paspausdami.

4. Naudodami didelį šefo peilį, nupjaukite duonos plutą. Sumuštinius perpjaukite per pusę įstrižai, kad susidarytų du trikampiai. Patiekite iš karto arba sandariai uždenkite plastikine plėvele ir laikykite šaldytuve, kol paruošite patiekti.

Trikampiai kumpio ir figų sumuštiniai

Tramezzini di Prosciutto ir Fichi

Padaro 2 sumuštinius

Prosciutto sūrumas ir figų uogienės saldumas sukuria gražų šio sumuštinio kontrastą. Labai tinka kaip užkandis, jei supjaustysite į ketvirčius. Patiekite su putojančiu Prosecco.

Nesūdyto sviesto, kambario temperatūros

4 riekelės geros kokybės baltos duonos

Apie 2 šaukštus figų uogienės

4 ploni griežinėliai importuoto itališko prosciutto

1. Vieną kiekvienos duonos riekelės pusę lengvai patepkite sviestu. Ant kiekvienos riekelės sviesto užtepkite apie 2 arbatinius šaukštelius figų uogienės.

2. Į riekelių vidurį įdėkite dvi Serrano kumpio riekeles. Likusias duonos riekeles uogienės puse žemyn uždėkite ant serrano kumpio.

3.Naudodami didelį šefo peilį, nupjaukite duonos plutą. Sumuštinius perpjaukite per pusę įstrižai, kad susidarytų du trikampiai. Patiekite iš karto arba uždenkite plastikine plėvele ir atšaldykite.

Amaretto kepti obuoliai

Mele al'Amaretto

Padaro 6 porcijas

Amaretto yra saldus likeris; amaretti yra traškūs sausainiai. Abu itališki produktai yra pagardinti dviejų rūšių migdolais: pažįstama migdolų rūšimi ir šiek tiek kartaus migdolų, kurie nėra valgomi paprasti, nors Italijoje dažnai naudojami desertams gardinti. „Amaro" reiškia „kartus", o likeris ir sausainiai pavadinti nuo šių migdolų. Abi yra plačiai prieinamos: sausainiai specializuotose parduotuvėse ir paštu bei alkoholiniai gėrimai daugelyje alkoholinių gėrimų parduotuvių.

Žinomiausio prekės ženklo amaretti sausainiai supakuoti į išskirtines raudonas skardines ar dėžutes. Sausainiai suvynioti poromis į pastelinį popierių. Yra ir kitų markių amaretti, kurie supakuoja sausainius į maišelius. Aš visada turiu amaretti namuose. Jie ilgai išsilaiko ir tinka prie arbatos puodelio arba kaip įvairių saldžių ir pikantiškų patiekalų ingredientas.

Auksiniai yra tie obuoliai, kuriuos mėgstu kepti. Vietoje užaugintos yra saldžios ir traškios, tačiau kepant labai gerai išlaiko formą.

6 kepimo obuoliai, tokie kaip auksiniai skanūs

6 amaretti sausainiai

6 šaukštai cukraus

2 šaukštai nesūdyto sviesto

6 šaukštai amaretto arba romo

1. Orkaitės centre padėkite lentyną. Įkaitinkite orkaitę iki 375 ° F. Ištepkite sviestu pakankamai didelę kepimo formą, kad obuoliai laikytų vertikaliai.

2. Išimkite obuolių šerdis ir nulupkite obuolius maždaug dviem trečdaliais nuo stiebo galo.

3. Įdėkite amaretti sausainius į plastikinį maišelį ir švelniai sutrinkite juos sunkiu daiktu, pavyzdžiui, kočėlu. Vidutiniame dubenyje sumaišykite trupinius su cukrumi ir sviestu.

4. Užpildykite dalį mišinio kiekvieno obuolio centre. Amaretto užpilkite ant obuolių. Aplink obuolius užpilkite 1 puodelį vandens.

5. Kepkite 45 minutes arba tol, kol pradurti peiliu obuoliai suminkštės. Patiekite šiltą arba kambario temperatūros.

Livijos obuolių pyragas

Torta di Mele alla Livia

Padaro 8 porcijas

Mano draugė Livia Colantonio gyvena Umbrijoje, ūkyje Podernovo. Ūkyje auginami Chianina galvijai, auginamos įvairios vyninės vynuogės, pilstomas vynas su Castello delle Regine etikete.

Svečiai gali apsistoti viename iš gražiai restauruotų svečių namų Podernovo mieste, kuris yra tik 45 minutės nuo Romos, ir mėgautis ramiomis atostogomis. Livija gamina šį paprastą, bet sensacingą „pyragą", kuris visada tinka po rudens ar žiemos valgio. Tai nėra pyragas tradicine prasme, nes jis pagamintas beveik vien iš obuolių, o tarp sluoksnių yra tik keli sausainių trupiniai, kad būtų šiek tiek vaisių sulčių. Patiekite su kaušeliu plaktos grietinėlės arba romo ir razinų ledų.

Jums reikės apvalios keptuvės arba kepimo indo, kuris yra 9 colių pločio ir 3 colių gylio. Naudokite pyrago formą, troškintuvą ar suflė formą, bet nenaudokite spyruoklinės formos, nes obuolių sultys išsilies.

12 amaretti sausainių

3 svarai auksinių skanių, Granny Smith ar kitų kietų obuolių (apie 6 dideli)

¹1/2 puodelio cukraus

1. Įdėkite amaretti sausainius į plastikinį maišelį ir švelniai sutrinkite juos sunkiu daiktu, pavyzdžiui, kočėlu. Turėtumėte turėti apie 3/4 puodelio trupinių.

2. Obuolius nulupkite ir supjaustykite išilgai ketvirčiais. Ketvirčius supjaustykite 1/8 colio storio griežinėliais.

3. Orkaitės centre padėkite lentyną. Įkaitinkite orkaitę iki 350 ° F. Gausiai sutepkite 9 × 3 colių apvalią kepimo skardą arba vamzdelį. Keptuvės dugną išklokite pergamentiniu popieriumi. Sviestu patepkite popierių.

4. Keptuvės apačioje padarykite sluoksnį šiek tiek persidengiančių obuolių. Pabarstykite trupučiu trupinių ir cukraus. Pakaitomis sluoksniuokite keptuvėje likusias obuolių skilteles su likusiais trupiniais ir cukrumi. Obuolių skiltelės nebūtinai turi būti tvarkingos. Ant viršaus uždėkite aliuminio folijos lakštą, suformuodami jį ant keptuvės krašto.

5. Obuolius kepkite pusantros valandos. Atidenkite ir kepkite dar 30 minučių arba tol, kol pradurti peiliu obuoliai suminkštės ir sumažės tūris. Perkelkite keptuvę ant grotelių. Leiskite atvėsti

bent 15 minučių. Aplenkite keptuvės kraštą peiliu. Vienoje rankoje laikydami keptuvę su puodo laikikliu, ant keptuvės viršaus uždėkite plokščią serviravimo lėkštę. Apverskite abu, kad obuoliai persikeltų į lėkštę.

6. Patiekite kambario temperatūroje, supjaustykite griežinėliais. Uždenkite apverstu indu ir laikykite šaldytuve iki 3 dienų.

Abrikosai citrinų sirupe

Albicoche al Limone

Padaro 6 porcijas

Puikiai prinokusių abrikosų tikrai nereikia tobulinti, bet jei turite netobulų abrikosų, pabandykite juos virti paprastame citrinų sirupe. Pakepintus abrikosus patiekite šaltus, galbūt su amareto skonio plakta grietinėle.

1 puodelis šalto vandens

1/4 stiklinės cukraus arba pagal skonį

2 (2 colių) juostelės citrinos žievelės

2 šaukštai šviežių citrinų sulčių

1 svaras abrikosų (apie 8)

1. Puode arba keptuvėje, kurios pakanka viename sluoksnyje laikyti abrikosų puseles, sumaišykite vandenį, cukrų, žievelę ir sultis. Užvirinkite ant vidutinės-mažos ugnies ir virkite vieną ar du kartus sukdami keptuvę 10 minučių.

2. Laikydamiesi abrikosų linijos, perpjaukite juos per pusę ir išimkite kauliukus. Sudėkite puseles į verdantį sirupą. Virkite, vieną kartą apversdami, kol vaisiai suminkštės, maždaug 5 minutes.

3. Leiskite abrikosams trumpam atvėsti sirupe, tada uždenkite ir laikykite šaldytuve. Patiekite šaltą.

Uogos su citrina ir cukrumi

Frutti di Bosco al Limone

Padaro 4 porcijas

Šviežios citrinos sultys ir cukrus išryškina visą uogų skonį. Išbandykite tai su viena uogų veisle arba jų deriniu. Jei norite, prieskoniais pagardintas uogas užpilkite šaukšteliu citrininio ledo arba šerbeto.

Viena iš mano mėgstamiausių uogų – mažytės laukinės braškės (fragoline del bosco) – paplitusios Italijoje, tačiau čia jos nėra plačiai paplitusios. Laukinės braškės turi skanų braškių aromatą ir jas lengva auginti vazone. Sėklų galima įsigyti iš daugelio katalogų bendrovių, o augalų galite nusipirkti daugelyje daigynų čia, Jungtinėse Valstijose.

1 puodelis supjaustytų braškių

1 puodelis gervuogių

1 puodelis mėlynių

1 puodelis aviečių

Šviežiai spaustos citrinos sultys (apie 2 šaukštai)

Cukrus (apie 1 valgomasis šaukštas)

1. Dideliame dubenyje švelniai sumaišykite uogas. Pagal skonį apšlakstykite citrinos sultimis ir cukrumi. Paragaukite ir sureguliuokite prieskonius.

2. Uogas išdėliokite sekliuose serviravimo induose. Patiekite iš karto.

Braškės su balzamiko actu

Fragole al Balsamico

Padaro 2 porcijas

Jei galite rasti mažų laukinių braškių, italų kalba vadinamų fragoline del bosco, naudokite jas šiame deserte. Tačiau įprastoms šviežioms braškėms taip pat bus naudingas greitas marinatas sendintame balzamiko acte. Kaip šlakelis šviežių citrinų sulčių ant žuvies gabalėlio ar druskos ant kepsnio, intensyvus saldus ir aštrus balzaminio acto skonis pagerina daugelį maisto produktų. Pagalvokite apie tai kaip apie prieskonį, o ne apie actą.

Tikriausiai turėsite įsigyti pasenusio balzamiko acto specializuotoje parduotuvėje. Niujorko rajone vienas iš mano mėgstamiausių šaltinių yra Di Palo Fine Foods Didžiojoje gatvėje Mažojoje Italijoje (žr.Šaltiniai). Louis Di Palo yra vaikščiojanti enciklopedija apie balzamiko actą, taip pat bet kokius kitus iš Italijos importuotus maisto produktus. Kai pirmą kartą užsisakiau balzamiko, jis ištraukė kelis buteliukus ir kiekvienam parduotuvėje siūlė pavyzdžius, kaip kiekvieną paaiškino.

Geriausias balzamikas gaminamas Modenos ir Reggio provincijose Emilijoje-Romanijoje. Lygus, sudėtingas ir sirupas, skonis labiau primena sodrų likerį nei stiprų actą ir dažnai geriamas kaip širdingas. Etiketėje ieškokite žodžių Aceto Balsamico Tradizionale. Nors ir brangu, truputis toli gražu.

1 litras laukinių arba kultūrinių braškių, supjaustytų griežinėliais, jei jos didelės

2 šaukštai aukščiausios kokybės sendinto balzamiko acto arba pagal skonį

2 šaukštai cukraus

Vidutiniame dubenyje sumaišykite braškes su actu ir cukrumi. Prieš patiekdami leiskite pastovėti 15 minučių.

Avietės su maskarpone ir balzamiko actu

Lampone su maskarpone ir balzamiko

Padaro 4 porcijas

Visada nuplaukite gležnas avietes prieš pat pasiruošę jas naudoti; Jei išskalaujate juos iš anksto, dėl drėgmės jie gali greičiau sugesti. Prieš patiekdami patikrinkite juos ir išmeskite visus, kuriuose yra pelėsių požymių. Uogas laikykite negiliame inde neuždengtas šaldytuve, tačiau nusipirkę naudokite kuo greičiau, nes greitai genda.

Mascarpone yra tiršta, glotni grietinėlė, vadinama sūriu, nors ir turi tik lengvą sūrio skonį. Konsistencija panaši į grietinę arba šiek tiek tirštesnė. Jei pageidaujate, galite jį pakeisti crème fraîche, ricotta arba grietine.

1 1/2 stiklinės maskarponės

Apie 1/4 stiklinės cukraus

1–2 šaukštai aukščiausios kokybės sendinto balzamiko acto

2 puodeliai aviečių, lengvai nuplauti ir išdžiovinti

1. Nedideliame dubenyje išplakite maskarponę ir cukrų, kol gerai susimaišys. Įpilkite balzamiko acto pagal skonį. Leiskite pastovėti 15 minučių ir vėl išmaišykite.

2. Padalinkite avietes į 4 stiklines ar dubenėlius. Ant viršaus uždėkite maskarponės ir patiekite iš karto.

Vyšnios Barolo mieste

Ciliege al Barolo

Padaro 4 porcijas

Čia saldžios, prinokusios vyšnios troškinamos Pjemonto stiliumi Barolo ar kitame sodrame raudonajame vyne.

³1/4 stiklinės cukraus

1 puodelis Barolo ar kito sauso raudonojo vyno

1 svaras prinokusių saldžiųjų vyšnių, be kauliukų

1 puodelis riebios arba riebios grietinėlės, labai šaltos

1. Bent 20 minučių prieš ruošiant plakti grietinėlę, didelį dubenį ir elektrinio plaktuvo plakiklius įdėkite į šaldytuvą.

2. Dideliame puode sumaišykite cukrų ir vyną. Užvirkite ir virkite 5 minutes.

3. Sudėkite vyšnias. Kai skystis vėl užvirs, virkite, kol vyšnios suminkštės, pradurtos peiliu, dar apie 10 minučių. Leiskite atvėsti.

4. Prieš patiekdami išimkite dubenį ir plakiklius iš šaldytuvo. Supilkite grietinėlę į dubenį ir dideliu greičiu plakite grietinėlę, kol pakėlus plaktuvus švelniai išlaikys formą, apie 4 minutes.

5. Vyšnias supilkite į serviravimo dubenėlius. Patiekite kambario temperatūros arba šiek tiek atvėsusį su plakta grietinėle.

karštai skrudinti kaštonai

kalderoste

Padaro 8 porcijas

Šventojo Martyno diena, lapkričio 11 d., visoje Italijoje švenčiama su karštais skrudintais kaštonais ir šviežiai pagamintu raudonuoju vynu. Šventė žymi ne tik mylimo šventojo, pasižymėjusio gerumu vargšams, šventę, bet ir auginimo sezono pabaigą – dieną, kai žemė ilsisi žiemoti.

Skrudinti kaštonai taip pat yra klasikinis žiemos švenčių patiekalų užbaigimas visoje Italijoje. Dedu juos į orkaitę kepti, kai susėdame vakarieniauti, o kai baigiame valgyti pagrindinį patiekalą, jie bus paruošti valgyti.

1 svaras šviežių kaštonų

1. Orkaitės centre padėkite lentyną. Įkaitinkite orkaitę iki 425 ° F. Nuplaukite kaštonus ir išdžiovinkite. Padėkite kaštonus plokščia puse žemyn ant pjaustymo lentos. Atsargiai mažo aštraus peilio smaigaliu įpjaukite X į kiekvieno viršų.

2. Padėkite kaštonus ant didelio patvarios aliuminio folijos lakšto. Vieną galą užlenkite ant kito, kad aptrauktumėte kaštonus.

Sulenkite galus, kad užsandarintumėte. Pakelį dėkite ant kepimo skardos. Skrudinkite kaštonus, kol suminkštės, pradūrę mažu peiliu, maždaug 45–60 minučių.

3. Perkelkite folijos paketą į aušinimo stovą. Palikite kaštonus suvyniotus į aliuminio foliją 10 minučių. Patiekite karštą.

figų konservai

Marmellata di Fichi

Padaro 1 1/2 pintos

Tiek prijaukinti, tiek laukiniai figmedžiai auga visoje Italijoje, išskyrus šiauriausius regionus, kur per šalta. Kadangi figos yra tokios saldžios ir plačiai prieinamos, jos naudojamos daugelyje desertų, ypač pietų Italijoje. Sunokusios figos išsilaiko blogai, todėl vasaros pabaigoje gausiai išsilaiko įvairiai. Apulijoje figos verdamos vandeniu ir gaunamas tirštas saldus sirupas, naudojamas desertams. Figos taip pat džiovinamos saulėje arba gaminamos iš figų konservų.

Nedidelę figų konservų partiją lengva pagaminti ir šaldytuve galima laikyti mėnesį. Ilgesniam laikymui uogienę reikia konservuoti (laikantis saugių konservavimo būdų) arba užšaldyti. Patiekite kaip priedą prie sūrio patiekalo arba pusryčiams ant sviestinės graikinių riešutų duonos.

1 1/2 svarų šviežių prinokusių figų, nuplautų ir išdžiovintų

2 puodeliai cukraus

2 juostelės citrinos žievelės

1. Figas nulupkite ir supjaustykite ketvirčiais. Įdėkite juos į vidutinį dubenį su cukrumi ir citrinos žievele. Gerai išmaišykite. Uždenkite ir per naktį šaldykite.

2. Kitą dieną dubens turinį perkelkite į didelį, sunkų puodą. Užvirinkite ant vidutinės ugnies. Virkite, retkarčiais pamaišydami, kol mišinys šiek tiek sutirštės, maždaug 5 minutes. Norėdami patikrinti, ar mišinys pakankamai tirštas, įlašinkite lašelį šiek tiek atvėsusio skysčio tarp nykščio ir smiliaus. Jei iš mišinio susidaro virvelė, kai nykštis ir pirštas yra šiek tiek vienas nuo kito, konservai yra paruošti.

3. Išpilstykite į sterilizuotus stiklainius ir laikykite šaldytuve iki 30 dienų.

Figos, pamirkytos šokolade

Fichi al Cioccolato

Padaro nuo 8 iki 10 porcijų

Drėgnos džiovintos figos, įdarytos riešutais ir pamirkytos šokolade, puikiai tinka kaip skanėstas po vakarienės.

Man patinka nusipirkti cukruotų apelsinų žievelių Niujorke esančioje parduotuvėje Kalustyan's, kurios specializacija yra prieskoniai, džiovinti vaisiai ir riešutai. Kadangi jie parduodami daug, jie visada švieži ir kupini skonio. Daugelyje kitų specializuotų parduotuvių parduodamos geros cukruotos apelsinų žievelės. Taip pat galite prašyti el. paštu (žrŠaltiniai). Prekybos centrų cukruotos apelsinų žievelės ir kiti vaisiai supjaustomi smulkiais gabalėliais, dažniausiai būna išdžiūvę ir beskoniai.

18 drėgnų džiovintų figų (apie 1 svaras)

18 skrudintų migdolų

1 1/2 puodelio cukruotų apelsinų žievelių

4 uncijos kartaus saldaus šokolado, susmulkinto arba susmulkinto į mažus gabalėlius

2 šaukštai nesūdyto sviesto

1. Padėklą išklokite pergamentiniu popieriumi ir ant viršaus padėkite vėsinimo lentyną. Kiekvienos figūros apačioje padarykite nedidelę įdubą. Į figas įdėkite migdolą ir gabalėlį apelsino žievelės. Suspauskite plyšį, kad uždarytumėte.

2. Viršutinėje dvigubo katilo pusėje virš verdančio vandens ištirpinkite šokoladą ir sviestą, maždaug 5 minutes. Nukelkite nuo ugnies ir maišykite iki vientisos masės. Leiskite pastovėti 5 minutes.

3. Kiekvieną figą panardinkite į ištirpintą šokoladą ir padėkite ant grotelių. Kai visos figos išmirks, įdėkite padėklą į šaldytuvą, kad šokoladas sustingtų, maždaug 1 val.

4. Figas sudėkite į sandarų indą, kiekvieną sluoksnį atskirdami vaškuotu popieriumi. Laikyti šaldytuve iki 30 dienų.

Figos vyno sirupe

Fichi alla Contadina

Padaro 8 porcijas

Džiovintos kalimyrnos ir Kalifornijos misijos figos yra drėgnos ir putlios. Šiam receptui galima naudoti bet kurią veislę. Po brakonieriavimo jie yra geri tokie, kokie yra, arba patiekiami su ledais ar plakta grietinėle. Jie taip pat puikiai dera su gorgonzolos sūriu.

1 puodelis vin santo, Marsala arba sauso raudonojo vyno

2 šaukštai medaus

2 (2 colių) juostelės citrinos žievelės

18 drėgnų džiovintų figų (apie 1 svaras)

1. Vidutiniame puode sumaišykite vin santo, medų ir citrinos žievelę. Užvirkite ir virkite 1 minutę.

2. Įpilkite figų ir šalto vandens, kad apsemtų. Skystį užvirinkite ant silpnos ugnies ir uždenkite puodą. Virkite, kol figos suminkštės, apie 10 minučių.

3.Naudodami kiaurasamtį perkelkite figas iš puodo į dubenį. Virkite skystą, neuždengtą, kol sumažės ir šiek tiek sutirštės, apie 5 minutes. Supilkite sirupą ant figų ir atvėsinkite. Šaldykite mažiausiai 1 valandą ir iki 3 dienų. Patiekite šiek tiek atšaldytą.

Doros keptos figos

fichi al forno

daro 2 tuzinus

Džiovintos figos, įdarytos graikiniais riešutais, yra Apulijos specialybė. Šis receptas yra mano draugės Dora Marzovilla, kuri patiekia juos kaip užkandį po vakarienės savo šeimos restorane Niujorke „I Trulli". Patiekite figas su taure desertinio vyno, pavyzdžiui, Moscato di Pantelleria.

24 drėgnos džiovintos figos (apie 1 1/2 svaro), pašalinti stiebų galai

24 skrudinti migdolai

1 valgomasis šaukštas pankolio sėklų

1 1/4 puodelio lauro lapų

1. Orkaitės centre padėkite lentyną. Įkaitinkite orkaitę iki 350 ° F. Nuimkite kietus stiebo galus nuo kiekvienos pav. Mažu peiliuku padarykite pjūvį prie figų pagrindo. Į figas įdėkite migdolą ir uždarykite plyšį.

2. Sudėkite figas ant kepimo skardos ir kepkite 15–20 minučių arba kol taps švelniai auksinės spalvos. Leiskite atvėsti ant grotelių.

3. Sluoksniuokite figas į sandarų 1 litrų stiklinį arba plastikinį indą. Pabarstykite šiek tiek pankolio sėklų. Uždenkite lauro lapų sluoksniu. Kartokite sluoksnius, kol bus panaudoti visi ingredientai. Prieš patiekiant uždenkite ir laikykite vėsioje vietoje (bet ne šaldytuve) bent 1 savaitę.

Medus mėtų sirupe

Melone alla Mint

Padaro 4 porcijas

Po puikios žuvies vakarienės Sicilijos pajūrio restorane mums buvo patiektas šis gaivus saldaus meliono derinys, išplautas šviežiame mėtų sirupe.

1 puodelis šalto vandens

1 1/2 puodelio cukraus

1/2 puodelio supakuotų šviežių šaltmėčių lapelių ir dar daugiau papuošimui

8–12 griežinėlių nulupto prinokusio lipčiaus

1. Puode sumaišykite vandenį, cukrų ir mėtų lapelius. Užvirinkite ir virkite 1 minutę arba kol lapai suminkštės. Nukelkite nuo ugnies. Leiskite atvėsti, tada per ploną tinklinį sietelį perkoškite sirupą į dubenį, kad nukoštumėte mėtų lapelius.

2. Įdėkite melioną į dubenį ir užpilkite sirupu. Trumpam atvėsinkite šaldytuve. Patiekite papuoštą mėtų lapeliais.

Apelsinai apelsinų sirupe

Arancia marinatas

Padaro 8 porcijas

Sultingi apelsinai saldžiame sirupe – puikus desertas po sotaus valgio. Ypač mėgstu juos patiekti žiemą, kai švieži apelsinai yra patys geriausi. Išdėlioti lėkštėje, apelsinai atrodo labai gražiai su blizgančiomis apelsinų žievelės juostelėmis ir sirupu. Kaip variantą, apelsinus supjaustykite griežinėliais ir sumaišykite su griežinėliais pjaustytais prinokusiais ananasais. Viską patiekite apelsinų padažu.

8 dideli bambos apelsinai

1 1/4 stiklinės cukraus

2 šaukštai brendžio arba apelsinų likerio

1. Apelsinus patrinkite šepetėliu. Nukirpkite galus. Daržovių skustuvu plačiomis juostelėmis nuimkite spalvotą apelsino žievelės dalį (žievelę). Venkite kapstytis į karčiai baltą duobutę. Sudėkite žievelės juosteles ir supjaustykite siaurais degtukų gabalėliais.

2. Pašalinkite baltą šerdį nuo apelsinų. Apelsinus išdėliokite ant serviravimo lėkštės.

3. Nedidelį puodą su vandeniu užvirinkite. Suberkite apelsino žievelę ir užvirinkite. Virkite 1 minutę. Nusausinkite žievelę ir nuplaukite šaltu vandeniu. Pakartokite. (Tai padės pašalinti šiek tiek kartumo iš žievelės.)

4. Sudėkite cukrų ir 1/4 puodelio vandens į kitą nedidelį puodą ant vidutinės ugnies. Mišinį užvirinkite. Virkite, kol cukrus ištirps ir sirupas sutirštės, apie 3 minutes. Įdėkite apelsino žievelę ir virkite dar 3 minutes. Leiskite atvėsti.

5. Į puodo turinį įpilkite apelsinų brendžio. Šakute nuimkite apelsino žievelę iš sirupo ir uždėkite ant apelsinų. Supilkite sirupą šaukštu. Uždenkite ir atvėsinkite iki 3 valandų, kol bus paruošta patiekti.

Gratin apelsinai su zabaglione

Arancia allo Zabaglione

Padaro 4 porcijas

Gratiné yra prancūziškas žodis, reiškiantis paruduoti patiekalo paviršių. Paprastai jis taikomas pikantiškiems maisto produktams, kurie yra apibarstyti džiūvėséliais arba sūriu, kad būtų lengviau juos apskrudinti.

Zabaglione dažniausiai patiekiamas vienas arba kaip padažas prie vaisių ar pyragų. Čia jis užpilamas ant apelsinų ir trumpai pakepinamas, kol švelniai apskrus ir susidaro kreminis užpilas. Taip galima paruošti ir bananus, kivius, uogas ar kitus minkštus vaisius.

6 bambos apelsinai, nulupti ir plonais griežinėliais

sabayon

1 didelis kiaušinis

2 dideli kiaušinių tryniai

⅓ stiklinės cukraus

⅓ puodelio sausos arba saldžios Marsalos

1. Įkaitinkite grilį. Apelsinų skilteles išdėliokite ugniai atsparioje kepimo formoje, šiek tiek perdengdami.

2. Paruoškite zabaglione: į nedidelį puodą arba dvigubo katilo dugną įpilkite 2 colių vandens. Užvirinkite ant silpnos ugnies. Dubenyje, didesniame už keptuvės kraštą arba dvigubo katilo viršų, sumaišykite kiaušinį, trynius, cukrų ir Marsalą. Plakite elektriniu rankiniu plaktuvu iki putų. Padėkite virš puodo su verdančiu vandeniu. Plakite, kol masė taps blyškios spalvos ir išliks lygi forma, kai plaktuvai pakeliami, apie 5 minutes.

3. Užtepkite zabaglione ant apelsinų. Padėkite indą po broileriu 1–2 minutėms arba tol, kol zabaglione paruduos dėmėmis. Patiekite iš karto.

Baltieji persikai Asti Spumante

Pesche Bianche Asti Spumante

Padaro 4 porcijas

Asti Spumante yra saldus, putojantis desertinis vynas iš Pjemonto, šiaurės vakarų Italijos. Jis turi subtilų skonį ir apelsinų žiedų aromatą, kilusį iš muskato vynuogių. Jei nerandate baltųjų persikų, geltoni persikai puikiai tiks arba pakeis kitus vasaros vaisius, tokius kaip nektarinai, slyvos ar abrikosai.

4 dideli prinokę balti persikai

1 šaukštas cukraus

8 uncijos šalto Asti Spumante

1. Persikus nulupkite ir susmulkinkite. Supjaustykite juos plonais griežinėliais.

2. Persikus sumaišykite su cukrumi ir palikite 10 minučių pastovėti.

3. Šaukštu supilkite persikus į stiklines arba parfė stiklines. Supilkite Asti Spumante ir nedelsdami patiekite.

Persikai raudoname vyne

Žuvis al Vino Rosso

Padaro 4 porcijas

Prisimenu, kaip mano senelis pjaustė savo užaugintus baltuosius persikus, kad įsigertų į ąsotį raudonojo vyno. Saldžios persikų sultys sutramdė bet kokį vyno atšiaurumą. Baltieji persikai yra mano mėgstamiausi, bet tinka ir geltoni persikai ar nektarinai.

⅓ stiklinės cukraus arba pagal skonį

2 puodeliai vaisinio raudonojo vyno

4 prinokę persikai

1. Vidutiniame dubenyje sumaišykite cukrų ir vyną.

2. Persikus perpjaukite pusiau ir išimkite kauliukus. Persikus supjaustykite mažais gabalėliais. Sumaišykite juos su vynu. Uždenkite ir šaldykite 2–3 valandas.

3. Supilkite persikus ir vyną į taures ir patiekite.

Amaretti įdaryti persikai

žuvis orkaitėje

Padaro 4 porcijas

Tai Pjemonto mėgstamiausias desertas. Patiekite apibarstę riebia grietinėle arba užbarstę šaukštu ledų.

8 vidutiniai persikai, nepernokę

8 amaretti sausainiai

2 šaukštai minkšto nesūdyto sviesto

2 šaukštai cukraus

1 didelis kiaušinis

1. Orkaitės centre padėkite lentyną. Įkaitinkite orkaitę iki 375 ° F. Ištepkite sviestu pakankamai didelę kepimo formą, kad persikų puselės tilptų viename sluoksnyje.

2. Įdėkite amaretti sausainius į plastikinį maišelį ir švelniai sutrinkite juos sunkiu daiktu, pavyzdžiui, kočėlu. Turėtumėte turėti apie 1/2 puodelio. Vidutiniame dubenyje sumaišykite sviestą su cukrumi ir sudėkite trupinius.

3. Laikydamiesi linijos aplink persikus, perpjaukite juos per pusę ir išimkite kauliuką. Greipfrutų šaukštu arba meliono balionėliu išimkite dalį persiko minkštimo iš centro, kad praplėstumėte angą ir supilkite į trupinių mišinį. Į mišinį įpilkite kiaušinio.

4. Persikų puseles išdėliokite lėkštėje į viršų. Ant kiekvienos persiko pusės šaukštu uždėkite trupinių mišinio.

5. Kepkite 1 valandą arba kol persikai suminkštės. Patiekite karštą arba kambario temperatūros.

Kriaušės apelsinų padaže

Pere visa 'Arancia

Padaro 4 porcijas

Kai aplankiau Anną Taską Lanzą Regaleali, jos šeimos vyno dvare Sicilijoje, ji man padovanojo savo puikaus mandarinų marmelado parsinešti namo. Anna naudoja uogienę ir kaip užtepą, ir kaip desertinį padažą, ir ji įkvėpė mane įmaišyti į brakonieriavimo skystį iš kai kurių jos virtų kriaušių. Kriaušės turėjo gražią auksinę glazūrą ir visiems patiko rezultatas. Dabar šį desertą gaminu dažnai. Kadangi ji greitai išnaudojo uogienės, kurią man davė Anna, atsargas, naudoju kokybišką parduotuvėje pirktą apelsinų marmeladą.

1 1/2 puodelio cukraus

1 puodelis sauso baltojo vyno

4 tvirtos prinokusios kriaušės, tokios kaip Anjou, Bartlett arba Bosc

1/3 puodelio apelsinų marmelado

2 šaukštai apelsinų arba romo likerio

1. Puode, kurio pakaktų kriaušėms laikyti vertikaliai, sumaišykite cukrų ir vyną. Ant vidutinės ugnies užvirkite ir virkite, kol cukrus ištirps.

2. Sudėkite kriaušes. Uždenkite keptuvę ir kepkite apie 30 minučių arba tol, kol kriaušės suminkštės, pradurtos peiliu.

3. Naudodami kiaurasamtį perkelkite kriaušes į serviravimo lėkštę. Uogienę supilkite į puode esantį skystį. Užvirkite ir virkite 1 minutę. Nukelkite nuo ugnies ir supilkite alkoholį. Padažą užpilkite ant kriaušių ir aplink juos. Uždenkite ir atvėsinkite šaldytuve bent 1 valandą prieš patiekiant.

Kriaušės su Marsala ir grietinėle

Pere al Marsala

Padaro 4 porcijas

Taip paruošiau kriaušes Bolonijos tratorijoje. Jei gaminsite juos prieš pat vakarienę, jie bus tinkamos temperatūros patiekti, kai būsite pasiruošę desertui.

Galite rasti sausos ir saldžiosios Marsalos, atvežtos iš Sicilijos, nors sausoji yra geresnės kokybės. Bet kuris iš jų gali būti naudojamas desertams gaminti.

- 4 didelės Anjou, Bartlett arba Bosc kriaušės, nepernokusios
- 1/4 stiklinės cukraus
- 1/2 puodelio vandens
- 1/2 puodelio sausos arba saldžios Marsala
- 1/4 puodelio riebios grietinėlės

1. Kriaušes nulupkite ir perpjaukite išilgai pusiau.

2. Keptuvėje, kurios pakanka viename sluoksnyje laikyti kriaušių puseles, ant vidutinės ugnies užvirinkite cukrų ir vandenį.

Išmaišykite, kad ištirptų cukrus. Sudėkite kriaušes ir uždenkite keptuvę. Virkite 5–10 minučių arba tol, kol pradurtos šakute kriaušės beveik suminkštės.

3. Naudodami kiaurasamtį perkelkite kriaušes į lėkštę. Į keptuvę sudėkite Marsalą ir užvirkite. Virkite, kol sirupas šiek tiek sutirštės, apie 5 minutes. Įpilkite grietinėlės ir troškinkite dar 2 minutes.

4. Grąžinkite kriaušes į keptuvę ir apšlakstykite padažu. Kriaušes perkelkite į serviravimo lėkštes, o viršų užpilkite padažu. Prieš patiekdami leiskite atvėsti iki kambario temperatūros.

Kriaušės su šiltu šokoladiniu padažu

Pere Affogato al Cioccolato

Padaro 6 porcijas

Šviežios kriaušės, pamirkytos saldžiarūgščiame šokoladiniame padaže, yra klasikinis europietiškas desertas. Turėjau jį Bolonijoje, kur šokoladinis padažas buvo gaminamas iš Majani šokolado – vietinės gamybos prekės ženklo, kuris, deja, nekeliauja toli nuo savo gimtojo miesto. Naudokite geros kokybės karčiai saldų šokoladą. Vienas man patinkantis prekės ženklas, Scharffen Berger, yra pagamintas Kalifornijoje.

6 Anjou, Bartlett arba Bosc kriaušės, nepernokusios

2 puodeliai vandens

$3\,1/4$ stiklinės cukraus

4 (2 × 1/2 colio) apelsino žievelės juostelės, supjaustytos pagaliukais

    1 1/2 stiklinės karšto šokolado padažo

1. Kriaušes nulupkite, palikite nepažeistus stiebus. Meliono samteliu arba mažu šaukšteliu iš kriaušių apačios išskobkite šerdį ir sėklas.

2. Puode, kurio pakanka, kad visos kriaušės būtų vertikaliai, užvirkite vandenį, cukrų ir apelsino žievelę ant vidutinės ugnies. Maišykite, kol cukrus ištirps.

3. Sudėkite kriaušes ir sumažinkite ugnį iki minimumo. Uždenkite keptuvę dangčiu ir kepkite, vieną kartą apversdami kriaušes, 20 minučių arba kol suminkštės, kai pradursite mažu peiliu. Leiskite kriaušėms atvėsti sirupe.

4. Paruošę patiekti, paruoškite šokoladinį padažą.

5. Naudodami kiaurasamtį perkelkite kriaušes į serviravimo lėkštes. (Uždenkite ir atšaldykite sirupą kitam naudojimui, pavyzdžiui, įmeskite į supjaustytus vaisius salotoms.) Apšlakstykite šiltu šokoladiniu padažu. Patiekite iš karto.

Kriaušės su romu prieskoniais

Pere al Rhum

Padaro 6 porcijas

Saldus, švelnus, beveik gėlių prinokusių kriaušių skonis tinka daugeliui kitų papildomų skonių. Prie jų puikiai dera vaisiai, tokie kaip apelsinai, citrinos, uogos ir daugelis sūrių, o kriaušėms brakonyti dažnai naudojamas Marsala ir sausas vynas. Pjemonte buvau maloniai nustebinta, kai kartu su paprastu lazdyno riešutų pyragu patiekiau šias lėtai virtas kriaušes su prieskoniais pagardintame romo sirupe.

6 Anjou, Bartlett arba Bosc kriaušės, nepernokusios

1 1/4 puodelio rudojo cukraus

1/4 puodelio tamsaus romo

1 1/4 puodelio vandens

4 sveiki dantys

1. Kriaušes nulupkite, palikite nepažeistus stiebus. Meliono samteliu arba mažu šaukšteliu iš kriaušių apačios išskobkite šerdį ir sėklas.

2. Puode, kuriame tilptų kriaušės, ant vidutinės ugnies išplakite cukrų, romą ir vandenį, kol cukrus ištirps, maždaug 5 minutes. Sudėkite kriaušes. Gvazdikėlius paskleiskite aplink vaisius.

3. Uždenkite keptuvę ir leiskite skysčiui užvirti. Virkite ant vidutinės-mažos ugnies 15–20 minučių arba tol, kol kriaušės suminkštės, pradurtos peiliu. Naudodami kiaurasamtį perkelkite kriaušes į serviravimo lėkštę.

4. Uždengus kaitinkite skystį, kol sumažės ir sutirštės. Skystį nukoškite ant kriaušių. Leiskite atvėsti.

5. Patiekite kambario temperatūroje arba uždenkite ir atšaldykite šaldytuve.

Prieskonių kriaušės su Pecorino

Pere allo Spezie e Pecorino

Padaro 6 porcijas

Toskanos didžiuojasi puikiu pecorino sūriu. Kiekvienas miestas turi savo versiją, kurių skonis šiek tiek skiriasi nuo kitų, atsižvelgiant į tai, kaip jis brandinamas ir iš kur gaunamas pienas. Sūriai paprastai valgomi, kai jie yra gana jauni ir dar pusiau kieti. Valgomas kaip desertas, sūris kartais apipilamas trupučiu medaus arba patiekiamas su kriaušėmis. Man patinka šis sudėtingas pristatymas, kurį turėjau Montalcino: pecorino patiekiamas su kriaušėmis, virtomis vietiniame raudonajame vyne ir prieskoniuose, kartu su šviežiais graikiniais riešutais.

Žinoma, kriaušės patiekiamos ir vienos arba su dideliu šlakeliu plaktos grietinėlės.

6 vidutinės Anjou, Bartlett arba Bosc kriaušės, nepernokusios

1 puodelis sauso raudonojo vyno

1 1/2 puodelio cukraus

1 gabalėlis cinamono (3 coliai)

4 sveiki dantys

8 uncijos Pecorino Toscano, Asiago arba Parmigiano-Reggiano sūrio, supjaustyto į 6 dalis

12 graikinių riešutų puselių, paskrudinti

1. Orkaitės centre padėkite lentyną. Įkaitinkite orkaitę iki 450 ° F. Išdėliokite kriaušes į kepimo indą, kuris yra pakankamai didelis, kad laikytųsi vertikaliai.

2. Sumaišykite vyną ir cukrų, kol cukrus suminkštės. Supilkite mišinį ant kriaušių. Aplink kriaušes pabarstykite cinamonu ir gvazdikėliais.

3. Kepkite kriaušes, retkarčiais apliejant vynu, 45–60 minučių arba kol suminkštės, kai pradursite peiliu. Jei skystis pradeda džiūti prieš kriaušėms iškepus, į keptuvę įpilkite šiek tiek šilto vandens.

4. Leiskite kriaušėms atvėsti lėkštėje, retkarčiais apšlakstydami sultimis iš keptuvės. (Kai sultys atvėsta, jos sutirštėja ir padengia kriaušes sodriu raudonu glaistu.) Išimkite prieskonius.

5. Patiekite kriaušes su sirupu kambario temperatūros arba šiek tiek šaltas. Išdėliokite juos serviravimo lėkštėse su dviem graikinio riešuto puselėmis ir gabalėliu sūrio.

Virtos kriaušės su Gorgonzola

Pere al Gorgonzola

Padaro 4 porcijas

Aitrus gorgonzolos sūrio skonis, sumaišytas su švelnia grietinėle, yra pikantiškas šių baltojo vyno citrinų sirupe troškintų kriaušių priedas. Šlakelis pistacijų suteikia ryškios spalvos. Anjou, Bartlett ir Bosc kriaušės yra mano mėgstamiausios brakonieriaus veislės, nes jų plona forma leidžia virti tolygiai. Keptos kriaušės geriausiai išlaiko formą, kai vaisiai nepernokę.

2 puodeliai sauso baltojo vyno

2 šaukštai šviežių citrinų sulčių

³1/4 stiklinės cukraus

2 (2 colių) juostelės citrinos žievelės

4 kriaušės, tokios kaip Anjou, Bartlett arba Bosc

4 uncijos gorgonzolos

2 šaukštai rikotos, maskarponės arba riebios grietinėlės

2 šaukštai kapotų pistacijų

1. Vidutiniame puode sumaišykite vyną, citrinos sultis, cukrų ir citrinos žievelę. Užvirkite ir virkite 10 minučių.

2. Tuo tarpu kriaušes nulupkite ir perpjaukite išilgai pusiau. Nuimkite šerdis.

3. Įdėkite kriaušes į vyno sirupą ir virkite, kol pradursite peiliu, apie 10 minučių, kol suminkštės. Leiskite atvėsti.

4. Naudodami kiaurasamtį, į kiekvieną serviravimo lėkštę perkelkite dvi kriaušės puseles šerdies puse į viršų. Apšlakstykite sirupu aplink kriaušes.

5. Nedideliame dubenyje sutrinkite gorgonzolą su rikota, kad susidarytų vientisa pasta. Supilkite dalį sūrio mišinio į kiekvienos kriaušės pusės šerdį. Pabarstykite pistacijomis. Patiekite iš karto.

Kriaušių arba obuolių pudingo pyragas

Budino di Pere arba Mele

Padaro 6 porcijas

Šis desertas nėra pyragas ar pudingas, jį sudaro vaisiai, virti, kol suminkštės, o paskui iškepti su šiek tiek pyragą primenančiu užpilu. Dera su obuoliais ar kriaušėmis ar net persikais ar slyvomis.

Mėgstu naudoti tamsų romą šiam desertui pagardinti, tačiau jį galima pakeisti šviesiu romu, konjaku ar net grapa.

³1/4 puodelio razinų

¹1/2 puodelio tamsaus romo, konjako arba grapos

2 šaukštai nesūdyto sviesto

8 tvirti prinokę obuoliai arba kriaušės, nulupti ir supjaustyti 1/2 colio griežinėliais

⅓ stiklinės cukraus

Papildymas

6 šaukštai nesūdyto sviesto, ištirpinto ir atvėsinto

¹/3 stiklinės cukraus

¹1/2 puodelio universalių miltų

3 dideli kiaušiniai, atskirti

²1/3 stiklinės nenugriebto pieno

2 šaukštai tamsaus romo, konjako arba grapos

1 arbatinis šaukštelis gryno vanilės ekstrakto

Žiupsnelis druskos

konditerinis cukrus

1. Mažame dubenyje sumaišykite razinas ir romą. Leiskite pastovėti 30 minučių.

2. Ištirpinkite sviestą didelėje keptuvėje ant vidutinės ugnies. Įpilkite vaisių ir cukraus. Virkite, retkarčiais pamaišydami, kol vaisiai beveik suminkštės, maždaug 7 minutes. Sudėkite razinas ir romą. Virkite dar 2 minutes. Nukelkite nuo ugnies.

3. Orkaitės centre padėkite lentyną. Įkaitinkite orkaitę iki 350 ° F. 13 × 9 × 2 colių kepimo formą ištepkite riebalais. Vaisių mišinį supilkite į kepimo indą.

4. Paruoškite užpilą: dideliame dubenyje elektriniu plaktuvu išplakite sviestą ir cukrų, kol susimaišys, maždaug 3 minutes. Suberkite miltus, kad tik susimaišytų.

5. Vidutiniame dubenyje suplakite kiaušinių trynius, pieną, romą ir vanilę. Kiaušinių mišinį įmaišykite į miltų mišinį, kol viskas susimaišys.

6. Kitame dideliame dubenyje švariais plaktuvais nedideliu greičiu išplakite baltymus su druska iki putų. Padidinkite greitį ir plakite, kol susidarys minkštos smailės, maždaug 4 minutes. Švelniai įmaišykite baltymus į likusią tešlą. Tešlą supilkite ant vaisių kepimo formoje ir kepkite 25 minutes arba tol, kol viršus taps auksinės rudos spalvos ir taps tvirtas.

7. Patiekite šiltą arba kambario temperatūros, pabarstytą cukraus pudra.

šiltas vaisių kompotas

Calda vaisių kompostas

Padaro nuo 6 iki 8 porcijų

Romas Italijoje dažnai naudojamas desertams gardinti. Tamsus romas turi gilesnį skonį nei šviesus romas. Jei norite, šiame recepte romą pakeiskite kitu alkoholiniu gėrimu arba saldžiu vynu, pavyzdžiui, Marsala. Arba pasigaminkite nealkoholinį variantą su apelsinų ar obuolių sultimis.

2 tvirtos prinokusios kriaušės, nuluptos ir be šerdies

1 auksinis skanus arba Granny Smith obuolys, nuluptas ir be šerdies

1 puodelis slyvų be kauliukų

1 puodelis džiovintų figų, nuimti stiebų galiukai

1/2 puodelio džiovintų abrikosų be kauliukų

1/2 puodelio juodųjų razinų

1/4 stiklinės cukraus

2 (2 colių) juostelės citrinos žievelės

1 puodelis vandens

¹1/2 puodelio tamsaus romo

1. Kriaušes ir obuolį supjaustykite į 8 skilteles. Skilteles supjaustykite mažais gabalėliais.

2. Sumaišykite visus ingredientus dideliame puode. Uždenkite ir užvirkite ant vidutinės-mažos ugnies. Virkite, kol švieži vaisiai suminkštės, o džiovinti vaisiai bus putlūs, apie 20 minučių. Įpilkite šiek tiek daugiau vandens, jei jie atrodo sausi.

3. Prieš patiekdami leiskite šiek tiek atvėsti arba uždenkite ir šaldykite iki 3 dienų.

Venecijos karamelizuoti vaisiai

Golosezzi Veneziani

Padaro 8 porcijas

Šių Venecijos vaisių iešmelių karamelinė danga sukietėja ir primena saldainį obuolį. Nusausinkite vaisius ir paruoškite šiuos vaisius sausą dieną. Jei oras drėgnas, karamelė tinkamai nesustings.

1 mandarinas arba klementinas, nuluptas, padalintas į dalis

8 mažos braškės, nuluptos

8 vynuogės be sėklų

8 datulės be kauliukų

1 puodelis cukraus

1/2 puodelio šviesaus kukurūzų sirupo

1/4 puodelio vandens

1. Vaisiaus gabalėlius pakaitomis suverkite ant kiekvieno iš aštuonių 6 colių medinių iešmelių. Ant padėklo viršaus uždėkite aušinimo stovą.

2. Pakankamai didelėje keptuvėje, kad tilptų iešmeliai išilgai, sumaišykite cukrų, kukurūzų sirupą ir vandenį. Virkite ant vidutinės ugnies, retkarčiais pamaišydami, kol cukrus visiškai ištirps, maždaug 3 minutes. Kai mišinys pradės virti, nustokite maišyti ir virkite, kol sirupas pradės ruduoti aplink kraštus. Tada švelniai pasukite keptuvę ant ugnies, kol sirupas taps tolygiai auksinės rudos spalvos, dar maždaug 2 minutes.

3. Nuimkite keptuvę nuo ugnies. Žnyplėmis greitai įmerkite kiekvieną iešmelį į sirupą, apversdami, kad vaisiai lengvai, bet visiškai apsemtų. Leiskite sirupo perteklių nutekėti atgal į keptuvę. Dėkite vėrinukus ant grotelių, kad atvėstų. (Jei sirupas keptuvėje sukietėja dar nepamerkus visų iešmelių, švelniai pakaitinkite.) Patiekite kambario temperatūroje per 2 valandas.

Vaisiai su medumi ir grapa

Vaisių kompostas alla Grappa

Padaro 6 porcijas

Grapa – tai savotiškas brendis, gaminamas iš vinaccia, odelių ir sėklų, kurios lieka spaudžiant vynuoges gaminant vyną. Buvo laikas, kai grapa buvo šiurkštus gėrimas, kurį darbininkai ir darbininkai daugiausia gerdavo Šiaurės Italijoje, kad sušiltų šaltomis žiemos dienomis. Šiandien grappa yra labai rafinuotas gėrimas, parduodamas dizainerių kurtuose buteliuose su puošniais kamščiais. Kai kurios grapos gardinamos vaisiais ar žolelėmis, o kitos brandinamos medinėse statinėse. Šioms vaisių salotoms ir kitiems gaminimo tikslams naudokite paprastą beskonę grapą.

1/3 stiklinės medaus

1/3 puodelio grapos, brendžio ar vaisių likerio

1 valgomasis šaukštas šviežių citrinų sulčių

2 kiviai, nulupti ir supjaustyti

2 bambos apelsinai, nulupti ir supjaustyti griežinėliais

1 litras braškių, supjaustytų griežinėliais

1 puodelis besėklių žalių vynuogių, perpjautų per pusę

2 vidutiniai bananai, supjaustyti

1. Dideliame dubenyje sumaišykite medų, grapą ir citrinos sultis.

2. Sudėkite kivius, apelsinus, braškes ir vynuoges. Atvėsinkite mažiausiai 1 valandą arba iki 4 valandų. Gysločius sudėkite prieš pat patiekiant.

žiemos vaisių salotos

„Žiemos Makedonija".

Padaro 6 porcijas

Italijoje vaisių salotos vadinamos Makedonija, nes ta šalis kažkada buvo padalinta į daug mažų dalių, kurios buvo sujungtos į visumą, panašiai kaip salotos susideda iš skirtingų vaisių kąsnio dydžio gabalėlių. Žiemą, kai vaisių pasirinkimas yra ribotas, italai ruošia tokias salotas, kaip ši, papuoštas medumi ir citrinos sultimis. Kaip variantą, medų pakeiskite abrikosų uogiene arba apelsinų marmeladu.

3 šaukštai medaus

3 šaukštai apelsinų sulčių

1 valgomasis šaukštas šviežių citrinų sulčių

2 greipfrutai, nulupti ir supjaustyti griežinėliais

2 kiviai, nulupti ir supjaustyti

2 prinokusios kriaušės

2 puodeliai žalių vynuogių be kauliukų, perpjautų per pusę išilgai

1. Dideliame dubenyje sumaišykite medų, apelsinų sultis ir citrinos sultis.

2. Sudėkite vaisius į dubenį ir gerai išmaišykite. Prieš patiekdami atvėsinkite mažiausiai 1 valandą arba iki 4 valandų.

Ant grotelių kepti vasaros vaisiai

Spiedini alla Frutta

Padaro 6 porcijas

Ant grotelių kepti vasaros vaisiai idealiai tinka kepsniui. Patiekite juos vienus arba su pyrago ir ledų griežinėliais.

Jei naudojate medinius iešmelius, pamirkykite juos šaltame vandenyje bent 30 minučių, kad nesudegtų.

2 nektarinai, supjaustyti 1 colio gabalėliais

2 slyvos, supjaustytos 1 colio gabalėliais

2 kriaušės, supjaustytos 1 colio gabalėliais

2 abrikosai, supjaustyti ketvirčiais

2 bananai, supjaustyti 1 colio gabalėliais

šviežių mėtų lapelių

Apie 2 šaukštus cukraus

1. Padėkite kepsninę arba grilį maždaug 5 colių atstumu nuo šilumos šaltinio. Įkaitinkite grilį arba šašlykinę.

2. Ant 6 iešmelių pakaitomis sudėkite vaisių gabaliukus su mėtų lapeliais. Pabarstykite cukrumi.

3. Kepkite vaisius 3 minutes vienoje pusėje. Apverskite iešmelius ir kepkite ant grotelių arba kepkite, kol švelniai apskrus, dar apie 2 minutes. Patiekite karštą.

šilta rikota su medumi

Ricotta al Miele

Padaro nuo 2 iki 3 porcijų

Šio deserto sėkmė priklauso nuo rikotos kokybės, todėl pirkite šviežiausią turimą. Nors iš dalies nugriebta rikota yra gerai, neriebi yra labai grūdėta ir beskonė, todėl ją praleiskite. Jei norite, pridėkite šviežių vaisių arba pabandykite razinų ir cinamono.

1 puodelis nenugriebto pieno rikotos

2 šaukštai medaus

1. Rikotą sudėkite į nedidelį dubenį virš mažesnio puodo su verdančiu vandeniu. Kaitinkite, kol sušils, apie 10 minučių. Gerai išmaišykite.

2. Rikotą išdėliokite serviravimo lėkštėse. Pabarstykite medumi. Patiekite iš karto.

rikotos kavos

Ricotta all 'Caffè

Padaro nuo 2 iki 3 porcijų

Štai greitas desertas, kuris gali būti įvairus. Patiekite su paprastais sausainiais.

Jei negalite nusipirkti smulkiai maltos espreso kavos, maltą kavą būtinai perleiskite per kavos malūnėlį arba virtuvinį kombainą. Jei grūdeliai per dideli, desertas gerai nesimaišys, liks smėlios tekstūros.

1 puodelis (8 uncijos) visos arba dalies nugriebtos rikotos

1 valgomasis šaukštas kavos (espreso) smulkiai sumaltos

1 šaukštas cukraus

Šokolado traškučiai

Vidutiniame dubenyje išplakite rikotą, espreso kavą ir cukrų iki vientisos masės ir cukrus ištirps. (Jei norite kreminės tekstūros, sumaišykite ingredientus virtuvės kombainu.) Supilstykite į parfė taures ar taures ir užpilkite šokolado drožlėmis. Patiekite iš karto.

Variacija: Šokoladinei rikotai kavą pakeiskite 1 šaukštu nesaldintos kakavos.

Maskarponė ir persikai

Mascarpone al Pesche

Padaro 6 porcijas

Lygi ir kreminė maskarponė bei persikai su traškiais amaretti gražiai atrodo parfė ar vyno taurėse. Patiekite šį desertą vakarienės metu. Niekas neatspės, kaip lengva tai padaryti.

1 puodelis (8 uncijos) maskarponės

1 1/4 stiklinės cukraus

1 valgomasis šaukštas šviežių citrinų sulčių

1 puodelis labai šaltos plaktos grietinėlės

3 persikai arba nektarinai, nulupti ir supjaustyti mažais gabalėliais

1/3 puodelio apelsinų likerio, amaretto arba romo

8 amaretti sausainiai, susmulkinti į trupinius (apie 1/2 puodelio)

2 šaukštai skrudintų pjaustytų migdolų

1. Mažiausiai 20 minučių prieš ruošdami desertą įdėkite didelį dubenį ir elektrinio plaktuvo plakiklius į šaldytuvą.

2. Kai paruošite, vidutinio dydžio dubenyje sumaišykite maskarponę, cukrų ir citrinos sultis. Išimkite dubenį ir plaktuvus iš šaldytuvo. Supilkite grietinėlę į atšaldytą dubenį ir dideliu greičiu plakite grietinėlę, kol pakėlus plaktuvus švelniai išlaikys formą, maždaug 4 minutes. Mentele švelniai įmaišykite plaktą grietinėlę į maskarponės mišinį.

3. Vidutiniame dubenyje sumaišykite persikus ir likerį.

4. Pusę maskarponės kremo supilkite į šešias parfė ar vyno taures. Sluoksniuokite persikus, tada pabarstykite amaretti trupiniais. Uždenkite likusiu kremu. Uždenkite ir šaldykite šaldytuve iki 2 valandų.

5. Prieš patiekdami pabarstykite migdolais.

Šokolado putos su avietėmis

Spuma di Cioccolato al Lampone

Padaro 8 porcijas

Plakta grietinėlė, sulankstyta maskarponėje ir šokolade, yra kaip greitai paruošiami šokoladiniai putėsiai. Avietės yra saldus ir aštrus priedas.

1 pintos aviečių

1-2 šaukštai cukraus

2 šaukštai aviečių, vyšnių ar apelsinų likerio

3 uncijos kartaus arba pusiau saldaus šokolado

1 1/2 puodelio (4 uncijos) maskarponės, kambario temperatūroje

2 puodeliai šaltos riebios arba plaktos grietinėlės

Šokolado drožlės, papuošti

1. Mažiausiai 20 minučių prieš ruošdami desertą įdėkite didelį dubenį ir elektrinio plaktuvo plakiklius į šaldytuvą.

2. Kai būsite pasiruošę, vidutiniame dubenyje sumaišykite avietes su cukrumi ir likeriu. Atidėti.

3. Užpildykite nedidelį puodą vienu coliu vandens. Užvirinkite ant silpnos ugnies. Šokoladą sudėkite į dubenį, didesnį nei puodo kraštas, ir uždėkite ant verdančio vandens. Leiskite pastovėti, kol šokoladas išsilydys. Nukelkite nuo ugnies ir išmaišykite šokoladą iki vientisos masės. Leiskite šiek tiek atvėsti, apie 15 minučių. Gumine mentele užlankstykite maskarponę.

4. Išimkite atšaldytą dubenį ir plakiklius iš šaldytuvo. Supilkite grietinėlę į dubenį ir dideliu greičiu plakite grietinėlę, kol pakėlus plaktuvus švelniai išlaikys formą, apie 4 minutes.

5. Mentele švelniai įmaišykite pusę grietinėlės į šokolado mišinį, o antrąją pusę pasilikite užpilui.

6. Pusę šokoladinio kremo supilkite į aštuonias parfė taures. Sluoksniuokite su avietėmis. Supilkite likusį šokoladinį kremą. Ant viršaus uždėkite plaktos grietinėlės. Papuoškite šokolado drožlėmis. Patiekite iš karto.

Tiramisu

Tiramisu

Padaro nuo 8 iki 10 porcijų

Niekas nėra visiškai tikras, kodėl šis desertas itališkai vadinamas „pasiimti mane", tačiau daroma prielaida, kad pavadinimas kilęs iš kavos ir šokolado sukeliamo kofeino sukrėtimo. Nors klasikinėje versijoje yra žalių kiaušinių trynių, sumaišytų su maskarpone, mano versija yra be kiaušinių, nes nemėgstu žalių kiaušinių skonio ir manau, kad dėl jų desertas yra sunkesnis nei reikia.

Savoiardi (traškūs sausainiai, importuoti iš Italijos) yra plačiai prieinami, tačiau juos galima pakeisti sausainiais arba paprastais sausainių griežinėliais. Jei norite, į kavą įpilkite porą šaukštų romo ar konjako.

1 puodelis šaltos riebios arba plaktos grietinėlės

1 svaras maskarponės

1/3 stiklinės cukraus

24 savoiardi (importuoti itališki sausainiai)

1 puodelis espreso kavos, paruoštos kambario temperatūroje

2 šaukštai nesaldintos kakavos miltelių

1. Mažiausiai 20 minučių prieš ruošdami desertą įdėkite didelį dubenį ir elektrinio plaktuvo plakiklius į šaldytuvą.

2. Kai paruošite, išimkite dubenį ir maišytuvus iš šaldytuvo. Supilkite grietinėlę į dubenį ir dideliu greičiu plakite grietinėlę, kol pakėlus plaktuvus švelniai išlaikys formą, apie 4 minutes.

3. Dideliame dubenyje sumaišykite maskarponę ir cukrų iki vientisos masės. Paimkite maždaug trečdalį plaktos grietinėlės ir lanksčia mentele švelniai įmaišykite į maskarponės mišinį, kad pašviesėtų. Atsargiai įmaišykite likusį kremą.

4. Lengvai ir greitai pamerkite pusę savoiardo į kavą. (Neprisotinkite jų, kitaip jie subyrės.) Išdėliokite sausainius vienu sluoksniu ant 9 × 2 colių kvadratinės arba apvalios serviravimo lėkštės. Supilkite pusę maskarponės kremo.

5. Likusį savoiardi pamerkite į kavą ir sluoksniuokite ant maskarponės. Uždenkite likusiu maskarponės mišiniu ir švelniai paskleiskite mentele. Sudėkite kakavą į smulkų tinklinį sietelį ir sukrėskite ant deserto viršaus. Uždenkite folija arba plastikine plėvele ir šaldykite 3–4 valandas arba per naktį, kad skoniai susimaišytų. Šaldytuve jis puikiai išsilaikys iki 24 valandų.

braškių tiramisu

Tiramisu alle Fragole

Padaro 8 porcijas

Štai braškinį tiramisu variantą radau itališkame kulinarijos žurnale. Man patinka net geriau nei kavos versija, bet man labiau patinka visų rūšių vaisių desertai.

Maraschino – skaidrus, šiek tiek kartokas itališkas vyšnių likeris, pavadintas dėl marasche vyšnių įvairovės. Maraschino galima įsigyti čia, bet jei norite, galite pakeisti kitu vaisių likeriu.

3 pintos braškių, nuplautų ir nuluptų

1 1/2 puodelio apelsinų sulčių

1/4 puodelio maraschino, crème di cassis arba apelsinų likerio

1 1/4 stiklinės cukraus

1 puodelis šaltos riebios arba plaktos grietinėlės

8 uncijos maskarponės

24 savoiardi (itališki moteriški pirštai)

1. Papuošimui pasilikite 2 puodelius gražiausių braškių. Likusią dalį supjaustykite. Dideliame dubenyje sumaišykite braškes su apelsinų sultimis, likeriu ir cukrumi. Leiskite pastovėti kambario temperatūroje 1 valandą.

2. Tuo tarpu didelį dubenį ir elektrinio plaktuvo plakiklius įdėkite į šaldytuvą. Kai paruošite, išimkite dubenį ir maišytuvus iš šaldytuvo. Supilkite grietinėlę į dubenį ir dideliu greičiu plakite grietinėlę, kol pakėlus plaktuvus švelniai išlaikys formą, apie 4 minutes. Naudodami lanksčią mentele švelniai įmaišykite maskarponę.

3. Sudėkite keksiukus ant 9 × 2 colių kvadratinės arba apvalios serviravimo lėkštės. Supilkite pusę braškių ir jų sultis. Ant uogų ištepkite pusę maskarponės kremo.

4. Pakartokite su antruoju biskvitų sluoksniu, braškėmis ir grietinėle, švelniai mentele paskirstydami kremą. Uždenkite ir šaldykite 3–4 valandas arba per naktį, kad skoniai susimaišytų.

5. Prieš patiekdami supjaustykite likusias braškes ir išdėliokite eilėmis ant viršaus.

itališka smulkmena

Anglų Zuppa

Padaro nuo 10 iki 12 porcijų

„Angliška sriuba" – įnoringas šio skanaus deserto pavadinimas. Manoma, kad italų kulinarai pasiskolino idėją iš angliškos smulkmenos ir pridėjo itališkų detalių.

1Vin Santo žiedaiarba 1 (12 uncijų) parduotuvėje pirktas svarų pyragas, supjaustytas 1/4 colio storio

1/2 puodelio pyrago vyšnių arba aviečių uogienės

11/2 puodelio tamsaus romo arba apelsinų likerio

po 21/2 puodelioŠokoladinis ir vanilinis tešlos kremas

1 puodelis riebios arba plaktos grietinėlės

šviežių aviečių, papuošti

Šokolado drožlės, papuošti

1. Jei reikia, paruoškite pyrago ir konditerijos kremus. Tada mažame dubenyje sumaišykite uogienę ir romą.

2. Pusę vanilinio kremo supilkite į 3 kv. porcijos dubenėlio dugną. Ant viršaus uždėkite 1/4 pyrago riekelių ir aptepkite 1/4 uogienės mišinio. Ant viršaus uždėkite pusę šokoladinio kremo.

3. Padarykite dar 1/4 pyrago ir uogienės mišinio sluoksnio. Pakartokite su likusiu vaniliniu kremu, 1/4 likusio pyrago ir uogienės mišinio, šokoladiniu kremu ir likusiu pyrago ir uogienės mišiniu. Sandariai uždenkite plastikine plėvele ir laikykite šaldytuve mažiausiai 3 valandas ir iki 24 valandų.

4. Mažiausiai 20 minučių prieš patiekiant į šaldytuvą įdėkite didelį dubenį ir elektrinio plaktuvo plakiklius. Prieš patiekdami išimkite dubenį ir plakiklius iš šaldytuvo. Supilkite grietinėlę į dubenį ir plakite dideliu greičiu, kol pakėlus plaktuvus ji sklandžiai išlaikys formą, apie 4 minutes.

5. Ant smulkmenos užpilkite grietinėlę. Papuoškite avietėmis ir šokolado drožlėmis.

sabayon

Padaro 2 porcijas

Italijoje zabaglione (tariama tsah-bahl-yo-neh; g yra tylus) yra saldus ir kreminis kiaušinių desertas, dažnai naudojamas kaip tonikas, stiprinantis peršalimo ar kitų ligų sergančio žmogaus jėgas. Su liga ar be jo – tai skanus desertas vienas arba kaip padažas prie vaisių ar pyragų.

Zabaglione reikia nuryti, kai tik jis bus paruoštas, kitaip galite sudužti. Norėdami pagaminti zabaglione iš anksto, žiūrėkite receptąšalta zabaglione.

3 dideli kiaušinių tryniai

3 šaukštai cukraus

3 šaukštai Marsala arba sauso arba saldaus vin santo

1. Apatinėje dvigubo katilo arba vidutinio puodo pusėje užvirinkite apie 2 colius vandens.

2. Viršutinėje dvigubo katilo pusėje arba karščiui atspariame dubenyje, kuris patogiai telpa virš puodo, elektriniu rankiniu plaktuvu vidutiniu greičiu išplakite kiaušinių trynius ir cukrų iki vientisos masės, apie 2 minutes. Pridėkite Marsalą. Padėkite

mišinį ant verdančio vandens. (Neleiskite vandeniui užvirti, nes kiaušiniai suplaks.)

3. Kaitinant virš verdančio vandens, toliau plakite kiaušinių mišinį, kol jis taps šviesiai geltonas ir labai purus, o nukritęs nuo plaktuvų išliks lygus, 3–5 minutes.

4. Supilstykite į aukštas taures ir nedelsdami patiekite.

Šokoladas Zabaglione

Zabaglione al Cioccolato

Padaro 4 porcijas

Ši zabaglione variacija yra tarsi sodrus šokoladinis putėsiai. Patiekite šiltą su šalta plakta grietinėle.

3 uncijos kartaus arba pusiau saldaus šokolado, supjaustyto

1 1/4 puodelio riebios grietinėlės

4 dideli kiaušinių tryniai

1 1/4 stiklinės cukraus

2 šaukštai romo arba amaretto likerio

1. Apatinėje dvigubo katilo arba vidutinio puodo pusėje užvirinkite apie 2 colius vandens. Šokoladą ir grietinėlę sumaišykite nedideliame karščiui atspariame dubenyje, padėtame virš verdančio vandens. Leiskite pastovėti, kol šokoladas išsilydys. Išmaišykite lanksčia mentele iki vientisos masės. Nukelkite nuo ugnies.

2. Dvigubo katilo viršuje arba kitame karščiui atspariame dubenyje, kuris tilps virš puodo, elektriniu rankiniu plaktuvu išplakite kiaušinių trynius ir cukrų iki vientisos masės, apie 2 minutes. Įpilkite romo. Padėkite mišinį ant verdančio vandens. (Neleiskite vandeniui užvirti, nes kiaušiniai suplaks.)

3. Trynių mišinį išplakite iki blyškios ir purios masės, o nukritus nuo plaktuvų išliks lygi forma, 3–5 minutes. Nukelkite nuo ugnies.

4. Gumine mentele švelniai įmaišykite šokolado mišinį. Patiekite iš karto.

Šalta zabaglione su raudonomis uogomis

Zabaglione Freddo su Frutti di Bosco

Padaro 6 porcijas

Jei nenorite ruošti zabaglione prieš pat patiekiant, ši šalta versija yra gera alternatyva. Zabaglione atšaldoma ledinio vandens vonelėje, tada sumaišoma su plakta grietinėle. Tai galima padaryti iki 24 valandų iš anksto. Man patinka patiekti ant šviežių uogų ar prinokusių figų.

1 receptas (apie 1 1/2 puodelio) sabayon

3/4 puodelio šaltos riebios arba plaktos grietinėlės

2 šaukštai cukraus pudros

1 valgomasis šaukštas apelsinų likerio

1 1/2 stiklinės mėlynių, aviečių arba jų derinio, nuplautų ir išdžiovintų

1. Bent 20 minučių prieš ruošdami zabaglione į šaldytuvą įdėkite didelį dubenį ir elektrinio plaktuvo plakiklius. Užpildykite kitą didelį indą ledu ir vandeniu.

2. Paruoškite zabaglione atlikdami 3 veiksmą. Kai tik zabaglione bus paruošta, išimkite ją iš verdančio vandens ir padėkite dubenį ant ledinio vandens. Vieliniu šluotele išplakite zabaglione iki šalto, maždaug 3 minutes.

3. Išimkite atšaldytą dubenį ir plakiklius iš šaldytuvo. Supilkite grietinėlę į dubenį ir plakite dideliu greičiu iki vientisos masės, maždaug 2 minutes. Suberkite cukraus pudrą ir apelsinų likerį. Grietinėlę išplakite iki vientisos masės, kai plakikliai pakils, dar apie 2 minutes. Naudodami lanksčią mentele, švelniai sulenkite šaltą zabaglione. Uždenkite ir atšaldykite šaldytuve mažiausiai 1 valandą, kol bus paruošta patiekti.

4. Padalinkite uogas į 6 serviravimo lėkštes. Užtepkite atšaldytą zabaglione kremą ir nedelsdami patiekite.

Citrinų želė

Citrinų želė

Padaro 6 porcijas

Dėl citrinos sulčių ir žievelės šis desertas yra lengvas ir gaivus.

2 pakeliai beskonės želatinos

1 puodelis cukraus

2 1/2 stiklinės šalto vandens

2 (2 colių) juostelės citrinos žievelės

2/3 puodelio šviežių citrinų sulčių

Citrinos griežinėliai ir mėtų šakelės papuošimui

1. Vidutiniame puode sumaišykite želatiną ir cukrų. Įpilkite vandens ir citrinos žievelės. Virkite ant vidutinės ugnies, nuolat maišydami, kol želatina visiškai ištirps, apie 3 minutes. (Neleiskite mišiniui užvirti.)

2. Nukelkite nuo ugnies ir supilkite citrinos sultis. Supilkite mišinį per smulkų tinklinį sietelį į 5 puodelių ramekiną arba dubenį. Uždenkite ir atvėsinkite, kol sustings, nuo 4 valandų iki nakties.

3. Paruošę patiekti, į dubenį įpilkite šilto vandens ir 30 sekundžių panardinkite formą į vandenį. Mažu peiliu apeikite šonus. Ant keptuvės uždėkite lėkštę ir, laikydami jas arti viena kitos, apverskite, kad želatina persikeltų į lėkštę. Papuoškite citrinos skiltelėmis ir mėtų šakelėmis.

Apelsinų romo želė

Arancia al Rhum želatina

Padaro 4 porcijas

Romu kvepianti plakta grietinėlė yra puikus priedas. Čia geriausiai tinka kraujo apelsinų sultys.

2 pakeliai beskonės želatinos

1 1/2 puodelio cukraus

1 1/2 puodelio šalto vandens

3 puodeliai šviežių apelsinų sulčių

2 šaukštai tamsaus romo

Apelsinų griežinėliai, papuošti

1. Vidutiniame puode sumaišykite želatiną ir cukrų. Įpilkite vandens ir virkite ant vidutinės ugnies nuolat maišydami, kol želatina visiškai ištirps, apie 3 minutes. (Neleiskite mišiniui užvirti.)

2. Nukelkite nuo ugnies ir supilkite apelsinų sultis bei romą. Supilkite mišinį į 5 puodelių ramekiną arba dubenį. Uždenkite ir atvėsinkite, kol sustings, nuo 4 valandų iki nakties.

3. Paruošę patiekti, į dubenį įpilkite šilto vandens ir 30 sekundžių panardinkite formą į vandenį. Mažu peiliu apeikite šonus. Ant keptuvės uždėkite lėkštę ir, laikydami jas arti viena kitos, apverskite, kad želatina persikeltų į lėkštę. Papuoškite apelsino griežinėliais.

Skrudinti Briuselio kopūstai

Cavolini al Forno

Padaro nuo 4 iki 6 porcijų

Jei niekada nebandėte skrudintų briuselio kopūstų, nustebsite, koks geras jų skonis. Skrudinu juos iki gražios ir auksinės spalvos. Išoriniai lapai tampa traškūs, o vidiniai lieka minkšti. Jie labai dera su kepta kiauliena.

1 svaras Briuselio kopūstų

1/3 stiklinės alyvuogių aliejaus

Druska

3 česnako skiltelės, supjaustytos

1. Nedideliu peiliuku nuskusti ploną riekelę nuo Briuselio kopūstų dugno. Perpjaukite juos per pusę per pagrindą.

2. Įkaitinkite orkaitę iki 375 ° F. Supilkite aliejų į kepimo skardą, pakankamai didelę, kad daigai liktų viename sluoksnyje. Suberkite daigus, druską ir česnaką. Gerai išmaišykite ir apverskite daigus nupjauta puse žemyn.

3. Kepkite daigus ant grotelių, vieną kartą maišydami, 30–40 minučių arba iki auksinės rudos spalvos ir minkštumo. Patiekite karštą.

Briuselio kopūstai su Pancetta

Cavolini di Bruxelles su Pancetta

Padaro nuo 4 iki 6 porcijų

Česnakai ir pancetta pagardina šiuos daigus. Pakeiskite pancetta šonine, kad gautumėte dūminio skonio užuominą.

1 svaras Briuselio kopūstų

Druska pagal skonį

2 šaukštai alyvuogių aliejaus

2 storos šoninės griežinėliai (2 uncijos), supjaustyti degtukų juostelėmis

4 didelės česnako skiltelės, smulkiai supjaustytos

Žiupsnelis maltų raudonųjų pipirų

1. Nedideliu peiliuku nuskusti ploną riekelę nuo Briuselio kopūstų dugno.

2. Užvirinkite didelį puodą vandens. Įpilkite daigų ir druskos pagal skonį. Virkite, kol daigai beveik suminkštės, apie 5 minutes.

3. Didelėje keptuvėje kepkite pancetta aliejuje, kol šviesiai apskrus, maždaug 5 minutes. Įpilkite česnako ir grūstų raudonųjų pipirų ir kepkite, kol česnakas taps auksinės rudos spalvos, dar apie 2 minutes.

4. Įpilkite Briuselio kopūstų, 2 šaukštus vandens ir žiupsnelį druskos. Kepkite, retkarčiais pamaišydami, kol daigai suminkštės ir tik pradės ruduoti, maždaug 5 minutes. Patiekite karštą.

Auksiniai kopūstai su česnaku

Cavolo al'Aglio

Padaro 4 porcijas

Taip iškepti kopūstai nepanašūs į purią, drėgną daržovę, kurios mes visi mėgstame nekenčiami. Visada maniau, kad pervirtas kopūstas jį sugadina, tačiau šiuo atveju, kaip ir aukščiau skrudinti briuselio kopūstai, lėtas, ilgas kepimas paruduoja kopūstus ir suteikia sodraus, saldaus skonio. Pirmą kartą išbandžiau Manducatis – restorane Long Island City, kurio savininkai kilę iš Montekasino Italijoje.

1 vidutinio dydžio kopūstas (apie 1 1/2 svaro)

3 didelės česnako skiltelės, smulkiai pjaustytos

maltų raudonųjų pipirų

1 1/4 puodelio alyvuogių aliejaus

Druska

1. Nupjaukite išorinius kopūsto lapus. Naudodami didelį, sunkų šefo peilį, ketvirčio kopūstą. Nupjaukite šerdį. Kopūstą supjaustykite mažais gabalėliais.

2. Dideliame puode kepkite česnaką ir raudonuosius pipirus alyvuogių aliejuje ant vidutinės-mažos ugnies, kol česnakas taps auksinės spalvos, maždaug 2 minutes.

3. Įpilkite kopūstų ir druskos. Gerai išmaišykite. Uždenkite ir virkite, dažnai maišydami, 20 minučių arba tol, kol kopūstai lengvai paruduos ir suminkštės. Įpilkite šiek tiek vandens, jei kopūstai pradės lipti. Patiekite karštą.

Susmulkinti kopūstai su kaparėliais ir alyvuogėmis

Cavolo al Capperi

Padaro 4 porcijas

Alyvuogės ir kaparėliai puošia susmulkintus kopūstus. Jei nenorite pirkti nesmulkintų kopūstų, pabandykite jį pasigaminti su maišeliu paprastų kopūstų salotų iš bakalėjos koridoriaus. Prekės ženklas, kurį perku, yra baltojo kopūsto, šiek tiek raudonojo kopūsto ir morkų derinys. Tai puikiai veikia pagal šį receptą.

4 šaukštai alyvuogių aliejaus

1 mažas kopūstas (apie 1 svaras)

Apie 3 šaukštus vandens

1-2 šaukštai baltojo vyno acto

Druska

1/2 puodelio kapotų žaliųjų alyvuogių

1 valgomasis šaukštas kapotų kaparėlių

1. Nupjaukite išorinius kopūsto lapus. Naudodami didelį, sunkų šefo peilį, ketvirčio kopūstą. Nupjaukite šerdį. Ketvirčius supjaustykite skersai siauromis juostelėmis.

2. Dideliame puode ant vidutinės ugnies įkaitinkite aliejų. Įpilkite kopūstų, vandens, acto ir nedidelį kiekį druskos. Gerai išmaišykite.

3. Uždenkite puodą ir sumažinkite ugnį. Virkite, kol kopūstai beveik suminkštės, apie 15 minučių.

4. Sudėkite alyvuoges ir kaparėlius. Virkite, kol kopūstai labai suminkštės, dar apie 5 minutes. Jei keptuvėje liko daug skysčio, atidenkite ir virkite, kol išgaruos. Patiekite karštą.

Kopūstas su rūkyta šonine

Verze su Pancetta Affumicata

Padaro 6 porcijas

Štai dar vienas tradicinis Friuli receptas, įkvėptas virėjo Gianni Cosetti. Šiam receptui Gianni naudoja rūkytą šoninę, bet vietoj to galite pakeisti rūkytą šoninę arba kumpį.

2 šaukštai alyvuogių aliejaus

1 vidutinis svogūnas susmulkintas

2 uncijos rūkytos pancetta, šoninės arba susmulkinto kumpio

½ vidutinio dydžio gūžinio kopūsto, supjaustyto plonais griežinėliais

Druska ir šviežiai malti juodieji pipirai

1. Dideliame puode kepkite aliejų, svogūną ir šoninę 10 minučių arba iki auksinės spalvos.

2. Įpilkite kopūstų ir druskos bei pipirų pagal skonį. Sumažinkite ugnį. Uždenkite ir virkite 30 minučių arba kol labai suminkštės. Patiekite karštą.

kepti kardonai

Cardoni Fritti

Padaro 6 porcijas

Štai pagrindinis kardūnų receptas: jie verdami, apibarstyti džiūvėsėliais ir kepti, kol apskrus. Tai tinka kaip antipasto asortimento dalis arba kaip garnyras prie avienos ar žuvies.

1 citrina perpjauta per pusę

2 svarai kartono

3 dideli kiaušiniai

2 šaukštai šviežiai tarkuoto Parmigiano-Reggiano

Druska ir šviežiai malti juodieji pipirai

2 puodeliai džiūvėsėlių

Augalinis aliejus kepimui

Citrinos griežinėliai

1. Į didelį dubenį šalto vandens išspauskite citriną. Kardonų galus nupjaukite ir stiebą atskirkite šonkauliais. Naudodami

pjaustymo peilį, nulupkite kiekvieną šonkaulį, kad pašalintumėte ilgas, kietas stygas ir lapus. Kiekvieną šonkaulį supjaustykite 3 colių ilgio gabalėliais. Sudėkite gabaliukus į citrinų vandenį.

2. Užvirinkite didelį puodą su vandeniu. Kartonus nusausinkite ir sudėkite į keptuvę. Virkite, kol suminkštės, kai pradursite peiliu, apie 20–30 minučių. Gerai nusausinkite ir atvėsinkite po tekančiu vandeniu. Išdžiovinkite gabalus.

3. Išklokite padėklą popieriniais rankšluosčiais. Sekliame dubenyje išplakite kiaušinius su sūriu, druska ir pipirais pagal skonį. Džiūvėsėlius paskleiskite ant vaškuoto popieriaus lapo. Kartonus pamirkykite kiaušinyje, tada apvoliokite džiūvėsėliuose.

4. Didelėje, gilioje keptuvėje ant vidutinės ugnies įkaitinkite apie 1/2 colio aliejaus, kol nedidelis kiaušinio lašelis sušnypš ir greitai iškeps, kai įlašinamas į keptuvę. Pridėkite tiek kartono, kad tilptų viename sluoksnyje, neperstumdami. Kepkite, apversdami gabalėlius žnyplėmis, iki auksinės rudos spalvos ir traškumo iš visų pusių, maždaug 3–4 minutes. Nusausinkite ant popierinių rankšluosčių. Laikykite juos šiltai žemoje orkaitėje, kol kepsite likusius. Patiekite karštą su citrinos skiltelėmis.

Kardonai su Parmigiano-Reggiano

Cardoni alla Parmigiana

Padaro 6 porcijas

Kardonai skaniai skanūs kepti su sviestu ir Parmigiano.

1 citrina perpjauta per pusę

Apytiksliai 2 svarai karolių

Druska ir šviežiai malti pipirai

3 šaukštai nesūdyto sviesto

½ puodelio šviežiai tarkuoto Parmigiano-Reggiano

1. Kartonus paruoškite taip, kaip nurodytakepti kardonaiiki 2 žingsnio.

2. Orkaitės centre padėkite lentyną. Įkaitinkite orkaitę iki 450 ° F. 13 × 9 × 2 colių kepimo skardą gausiai ištepkite sviestu.

3. Kardono gabalėlius išdėliokite keptuvėje. Aptepkite sviestu ir pabarstykite druska bei pipirais. Ant viršaus paskleiskite sūrį.

4. Kepkite 10–15 minučių arba kol sūris šiek tiek ištirps. Patiekite karštą.

Kreminiai erškėčiai

Cardoni alla Panna

Padaro 6 porcijas

Šie kardonai troškinami keptuvėje su trupučiu grietinėlės. Parmigiano-Reggiano suteikia paskutinį prisilietimą.

1 citrina perpjauta per pusę

Apytiksliai 2 svarai karolių

2 šaukštai nesūdyto sviesto

Druska ir šviežiai malti juodieji pipirai

1 1/2 puodelio riebios grietinėlės

1/2 puodelio šviežiai tarkuoto Parmigiano-Reggiano

1. Kartonus paruoškite taip, kaip nurodytakepti kardonaiiki 2 žingsnio.

2. Didelėje keptuvėje ant vidutinės ugnies ištirpinkite sviestą. Įpilkite kartono ir druskos bei pipirų pagal skonį. Maišykite, kol pasidengs sviestu, maždaug 1 minutę.

3.Supilkite grietinėlę ir užvirinkite. Virkite, kol grietinėlė šiek tiek sutirštės, apie 1 minutę. Pabarstykite sūriu ir patiekite karštą.

Morkos ir ropės su Marsala

Jūros velnio ir karotės mišinys

Padaro 4 porcijas

Saldžios, riešutų skonio Marsala sustiprina šakninių daržovių, tokių kaip morkos ir ropės, skonį.

4 vidutinės morkos

2 vidutinės ropės arba 1 didelis kaliaropis

2 šaukštai nesūdyto sviesto

Druska

¹1/4 puodelio sausos Marsala

1 valgomasis šaukštas kapotų šviežių petražolių

1. Morkas ir ropes nulupkite ir supjaustykite 1 colio gabalėliais.

2. Didelėje keptuvėje ant vidutinės ugnies ištirpinkite sviestą. Įpilkite daržovių ir druskos pagal skonį. Virkite 5 minutes, retkarčiais pamaišydami.

3. Pridėkite Marsalą. Uždenkite ir virkite dar 5 minutes arba kol vynas išgaruos ir daržovės suminkštės. Pabarstykite petražolėmis ir nedelsdami patiekite.

Skrudintos morkos su česnaku ir alyvuogėmis

Carote al Forno

Padaro 4 porcijas

Morkos, česnakai ir alyvuogės yra stebėtinai geras derinys, o alyvuogių sūrumas atskleidžia morkų saldumą. Aš juos turėjau Ligūrijoje, netoli sienos su Prancūzija.

8 vidutinės morkos, nuluptos ir įstrižai supjaustytos 1/2 colio storio griežinėliais

2 šaukštai alyvuogių aliejaus

3 česnako skiltelės, supjaustytos

Druska ir šviežiai malti juodieji pipirai

1/2 puodelio importuotų švelnių juodųjų alyvuogių, tokių kaip Gaeta, be kauliukų

1. Orkaitės centre padėkite lentyną. Įkaitinkite orkaitę iki 425 ° F. Ant didelės kepimo skardos išmeskite morkas su aliejumi, česnaku ir druska bei pipirais pagal skonį.

2. Skrudinkite 15 minučių. Sudėkite alyvuoges ir virkite, kol morkos suminkštės, dar apie 5 minutes, patiekite karštą.

Morkos kreme

Carote alla Panna

Padaro 4 porcijas

Morkos taip dažnai valgomos žalios, kad pamirštame, kokios geros jos gali būti virtos. Šiame recepte riebi grietinėlė papildo saldų skonį.

8 vidutinės morkos

2 šaukštai nesūdyto sviesto

Druska

¹1/2 puodelio riebios grietinėlės

Žiupsnelis tarkuoto muskato riešuto

1. Nulupkite morkas. Supjaustykite juos 1/4 colio storio griežinėliais.

2. Vidutiniame puode ant vidutinės ugnies ištirpinkite sviestą. Įpilkite morkų ir druskos pagal skonį. Uždenkite ir virkite, retkarčiais pamaišydami, kol morkos suminkštės, maždaug 5 minutes.

3. Įpilkite grietinėlės ir muskato riešuto. Virkite, kol grietinėlė sutirštės ir morkos suminkštės, dar 4–5 minutes. Patiekite iš karto.

saldžiarūgščios morkos

Karotė Agrodolce

Padaro 4 porcijas

Šias morkas mėgstu patiekti su kepta kiauliena arba vištiena. Jei po ranka turite petražolių, mėtų ar baziliko, susmulkinkite žolelę ir sumaišykite su morkomis prieš patiekdami.

8 vidutinės morkos

1 valgomasis šaukštas nesūdyto sviesto

3 šaukštai baltojo vyno acto

2 šaukštai cukraus

Druska

1. Nulupkite morkas. Supjaustykite juos 1/4 colio storio griežinėliais.

2. Vidutiniame puode ant vidutinės ugnies ištirpinkite sviestą. Įpilkite acto ir cukraus ir maišykite, kol cukrus ištirps. Įpilkite morkų ir druskos pagal skonį. Uždenkite puodą ir virkite, kol morkos suminkštės, apie 5 minutes.

3.Atidenkite keptuvę ir virkite morkas, dažnai maišydami, kol suminkštės, dar maždaug 5 minutes. Mėgstu pagardinti. Patiekite karštą arba kambario temperatūros.

Marinuoti baklažanai su česnakais ir mėtomis

Melanzano marinatas

Padaro nuo 4 iki 6 porcijų

Tai puikus garnyras prie ant grotelių keptos vištienos arba kaip antipasto asortimento dalis. Taip galima paruošti ir cukinijas bei morkas.

2 vidutiniai baklažanai (kiekvienas apie 1 svaras)

Druska

Alyvuogių aliejus

3 šaukštai raudonojo vyno acto

2 česnako skiltelės smulkiai pjaustytos

1/4 puodelio kapotų šviežių mėtų

šviežiai maltų juodųjų pipirų

1. Nupjaukite baklažanų viršų ir apačią. Baklažanus supjaustykite skersai 1/2 colio storio griežinėliais. Sudėkite griežinėlius į kiaurasamtį, kiekvieną sluoksnį pabarstykite druska. Padėkite baklažanus ant lėkštės, kad nuvarvėtų bent 30 minučių.

Nuplaukite druską po šaltu vandeniu ir nusausinkite riekeles popieriniais rankšluosčiais.

2. Įkaitinkite orkaitę iki 450 ° F. Baklažano skilteles aptepkite aliejumi ir vienu sluoksniu išdėliokite aliejumi ištepta puse žemyn ant sausainių lakštų. Patepkite viršūnes aliejumi. Riekeles kepkite 10 minučių. Apverskite ir kepkite iki auksinės spalvos ir minkštumo, dar apie 10 minučių.

3. Į negilų plastikinį indą su sandariu dangteliu sluoksniuokite baklažano griežinėlius, šiek tiek persidengdami. Pabarstykite actu, česnaku, mėtomis ir pipirais. Kartokite sluoksnius, kol bus panaudoti visi ingredientai.

4. Prieš patiekdami uždenkite ir laikykite šaldytuve mažiausiai 24 valandas. Šie gerai išsilaiko keletą dienų.

Ant grotelių kepti baklažanai su šviežių pomidorų padažu

Melanzane alla Griglia su padažu

Padaro 4 porcijas

Čia baklažano griežinėliai kepami ant grotelių ir apliejami šviežių pomidorų padažu. Patiekite su mėsainiais, kepsniais ar kotletais. Taip paruošiau baklažanus Abrucuose, kur dažnai naudojami švieži žali čili pipirai. Jei norite, pakeiskite susmulkintą raudonąją papriką iš stiklainio.

1 vidutinis baklažanas (apie 1 svaras)

Druska

3 šaukštai alyvuogių aliejaus

1 vidutinio prinokimo pomidoras

2 šaukštai kapotų šviežių petražolių

1 šaukštas smulkiai pjaustytų šviežių čili (arba pagal skonį)

1 arbatinis šaukštelis šviežių citrinų sulčių

1. Nupjaukite baklažanų viršų ir apačią. Baklažanus supjaustykite skersai 1/2 colio storio griežinėliais. Sudėkite griežinėlius į kiaurasamtį, kiekvieną sluoksnį pabarstykite druska. Padėkite baklažanus ant lėkštės, kad nuvarvėtų bent 30 minučių. Nuplaukite druską po šaltu vandeniu ir nusausinkite riekeles popieriniais rankšluosčiais.

2. Padėkite kepsninę arba grilį maždaug 5 colių atstumu nuo šilumos šaltinio. Įkaitinkite grilį arba šašlykinę. Vieną baklažano skilteles aptepkite alyvuogių aliejumi ir dėkite aliejumi pateptąja puse į šilumos šaltinį. Kepkite iki šviesiai auksinės spalvos, apie 5 minutes. Apverskite riekeles ir aptepkite aliejumi. Kepkite iki auksinės spalvos ir minkštumo, apie 4 minutes.

3. Išdėliokite griežinėlius ant lėkštės, šiek tiek persidengdami.

4. Pomidorą perpjaukite pusiau ir išspauskite sėklas bei sultis. Susmulkinkite pomidorą. Vidutiniame dubenyje sumaišykite pomidorą su petražolėmis, čili, citrinos sultimis ir druska pagal skonį. Pomidorų mišinį užpilkite ant baklažanų. Patiekite kambario temperatūroje.

Baklažanų ir mocarelos „Sumuštiniai"

Panini di Mozzarella

Padaro 6 porcijas

Kartais į šiuos „sumuštinius" įdedu sulankstytą prosciutto gabalėlį ir patiekiu kaip užkandį. Jei turite, užpilkite šiek tiek pomidorų padažo ir, jei norite, pabarstykite tarkuotu Parmigiano.

2 vidutiniai baklažanai (kiekvienas apie 1 svaras)

Druska

Alyvuogių aliejus

šviežiai maltų juodųjų pipirų

1 valgomasis šaukštas smulkintų šviežių čiobrelių arba plokščialapių petražolių

8 uncijos šviežios mocarelos, supjaustytos plonais griežinėliais

1. Nupjaukite baklažanų viršų ir apačią. Naudodami sukamąjį skustuvą, išilgai maždaug 1 colio intervalais pašalinkite odos juosteles. Baklažanus supjaustykite skersai lyginio skaičiaus 1/2 colio storio griežinėliais. Sudėkite griežinėlius į kiaurasamtį, kiekvieną sluoksnį pabarstykite druska. Padėkite sietelį ant

lėkštės, kad nuvarvėtų bent 30 minučių. Nuplaukite druską po šaltu vandeniu ir nusausinkite riekeles popieriniais rankšluosčiais.

2. Įkaitinkite orkaitę iki 450 ° F. Baklažano skilteles aptepkite alyvuogių aliejumi ir vienu sluoksniu padėkite aliejumi patepta puse žemyn ant sausainių lakštų. Viršų patepkite papildomu aliejumi. Pabarstykite pipirais ir žolelėmis. Kepkite 10 minučių. Apverskite griežinėlius ir kepkite dar 10 minučių arba kol švelniai paruduos ir suminkštės.

3. Išimkite baklažanus iš orkaitės, bet palikite orkaitę įjungtą.

4. Viršutinę baklažano griežinėlių pusę apibarstykite mocarela. Ant viršaus išdėliokite likusius baklažano griežinėlius. Grąžinkite keptuves į orkaitę 1 minutei arba tol, kol sūris pradės tirpti. Patiekite karštą.

Baklažanai su česnakais ir žolelėmis

Melanzane al Forno

Padaro nuo 6 iki 8 porcijų

Man patinka naudoti ilgus, liesus japoniškus baklažanus, kai matau juos savo ūkininko turguje vasaros mėnesiais. Jie puikiai tinka vasaros patiekalams tiesiog skrudinti su česnaku ir žolelėmis.

3 šaukštai alyvuogių aliejaus

8 maži japoniški baklažanai (visi maždaug tokio paties dydžio)

1 česnako skiltelė, labai smulkiai susmulkinta

2 šaukštai susmulkinto šviežio baziliko

Druska ir šviežiai malti juodieji pipirai

1. Orkaitės centre padėkite lentyną. Įkaitinkite orkaitę iki 400 ° F. Didelę kepimo skardą ištepkite riebalais.

2. Nupjaukite baklažanų stiebų galus ir perpjaukite išilgai pusiau. Pjaunamuose paviršiuose padarykite keletą seklių plyšių. Baklažanus supjaustykite į viršų ant kepimo skardos.

3. Nedideliame dubenyje sumaišykite aliejų, česnaką, baziliką, druską ir pipirus pagal skonį. Užtepkite mišinį ant baklažanų, šiek tiek stumdami pro griovelius.

4. Kepkite 25–30 minučių arba tol, kol baklažanai suminkštės. Patiekite karštą arba kambario temperatūros.

Neapolietiško stiliaus baklažanų lazdelės su pomidorais

Bastoncini di Melanzane

Padaro 4 porcijas

Neapolyje esančiame restorane „Dante" ir „Beatrice" maistas prasideda nuo nedidelių užkandžių. Mažos baklažanų lazdelės šviežių pomidorų ir bazilikų padaže – vienas iš patiekalų, kuriuo su vyru mėgaujamės. Japoniški baklažanai yra minkštesni už didžiuosius rutulinius, tačiau šiam receptui galima naudoti bet kokią rūšį.

6 maži japoniški baklažanai (apie 1 1/2 svaro)

Augalinis aliejus kepimui

Druska

2 česnako skiltelės, nuluptos ir lengvai sutrintos

Žiupsnelis maltų raudonųjų pipirų

3 šaukštai alyvuogių aliejaus

4 slyviniai pomidorai, nulupti, išskobti ir supjaustyti

¼ puodelio baziliko lapelių, sukrauti ir supjaustyti plonomis juostelėmis

1. Baklažanų viršų ir apačią nupjaukite ir išilgai supjaustykite į 6 skilteles. Supjaustykite skersai į 3 dalis. Išdžiovinkite gabalus popieriniais rankšluosčiais.

2. Išklokite padėklą popieriniais rankšluosčiais. Į vidutinę keptuvę supilkite apie 1/2 colio aliejaus. Kaitinkite ant vidutinės ugnies, kol įdėjus į keptuvę sušvilpės nedidelis baklažano gabalėlis. Atsargiai vienu sluoksniu suberkite tiek baklažanų, kiek patogiai tilps į keptuvę. Kepkite, retkarčiais pamaišydami, kol lengvai apskrus aplink kraštus, maždaug 5 minutes. Išimkite baklažanus kiaurasamčiu arba kiaurasamčiu ir nusausinkite ant popierinių rankšluosčių. Pakartokite su likusiais baklažanais. Pabarstykite druska.

3. Didelėje keptuvėje kepkite česnaką su raudonaisiais pipirais alyvuogių aliejuje, kol česnakas taps auksinės spalvos, maždaug 4 minutes. Išimkite ir išmeskite česnaką. Sudėkite pomidorus ir virkite 5 minutes arba kol sutirštės.

4. Sudėkite baklažanus ir baziliką ir kepkite dar 2 minutes. Pagardinkite druska pagal skonį. Patiekite karštą arba kambario temperatūros

Baklažanai, įdaryti Prosciutto ir sūriu

Melanzane Ripienė

Padaro 6 porcijas

Pusbroliai, dėdės ir tetos atvyko iš viso regiono, kai pirmą kartą su vyru Charlesu nuvykome aplankyti jo giminaičių, gyvenančių netoli garsiojo Agridžento šventyklų slėnio Sicilijoje. Kiekviena šeima norėjo, kad aplankytume jų namus, pavalgytume ir pernakvotume. Norėjome praleisti laiką su visais, bet taip pat norėjome pamatyti kai kurias vietines istorines vietas, apie kurias visada tiek daug girdėjome ir turėjome tik kelias dienas. Laimei, mano vyro pusseserė Andžela pasirūpino, kad mumis būtų gerai pasirūpinta. Kai pasakiau, kad domiuosi vietine virtuve, jis išmokė pasigaminti šį skanų baklažanų patiekalą.

6 maži baklažanai (apie 1 1/2 svaro)

Druska

1/4 puodelio alyvuogių aliejaus

1 vidutinis svogūnas susmulkintas

1 vidutinio dydžio pomidoras

2 plakti kiaušiniai

½ puodelio tarkuoto caciocavallo, provolone arba parmigiano-reggiano

1/4 puodelio smulkiai supjaustyto šviežio baziliko

2 uncijos importuoto itališko prosciutto, smulkiai supjaustyto

½ puodelio plius 1 valgomasis šaukštas paprastų džiūvėsėlių

Druska ir šviežiai malti juodieji pipirai

1. Nupjaukite baklažanų viršūnes ir perpjaukite išilgai pusiau. Mažu aštriu peiliu ir šaukštu išskobkite baklažanų minkštimą, palikdami odelę maždaug 1/4 colio storio. Susmulkinkite baklažanų minkštimą.

2. Susmulkintus baklažanus sudėkite į kiaurasamtį. Gausiai pabarstykite druska ir palikite lėkštėje bent 30 minučių nuvarvėti. Baklažanų odeles pabarstykite druska ir supjaustykite į apačią ant lėkštės, kad nuvarvėtų.

3. Nuplaukite druską po šaltu vandeniu ir nusausinkite baklažanus popieriniais rankšluosčiais. Išspauskite minkštimą, kad ištrauktumėte vandenį.

4. Vidutinėje keptuvėje ant vidutinės ugnies įkaitinkite aliejų. Sudėkite svogūną ir susmulkintus baklažanus ir kepkite, dažnai

maišydami, kol suminkštės, maždaug 15 minučių. Supilkite mišinį į dubenį.

5. Pomidorą perpjaukite pusiau ir išspauskite sėklas bei sultis. Supjaustykite pomidorą ir sudėkite į dubenį. Įdėkite kiaušinius, sūrį, baziliką, prosciutto, 1/2 puodelio džiūvėsėlių ir pagal skonį druskos bei pipirų. Gerai ismaisyti.

6. Orkaitės centre padėkite lentyną. Įkaitinkite orkaitę iki 400 ° F. Kepimo skardą ištepkite riebalais, kurių dydis pakaktų baklažanų lukštams viename sluoksnyje.

7. Užpildykite lukštus baklažanų mišiniu, suapvalinkite paviršių. Įdėkite juos į keptuvę. Pabarstykite 1 šaukštu džiūvėsėlių. Aplink baklažanus užpilkite 1/4 puodelio vandens. Kepkite 45–50 minučių arba tol, kol pradurti lukštai suminkštės. Patiekite karštą arba kambario temperatūros.

Baklažanai, įdaryti ančiuviais, kaparėliais ir alyvuogėmis

Melanzane Ripiene

Padaro 4 porcijas

Atrodo, kad sicilietiškiems baklažanų virimo būdams nėra jokių apribojimų. Šis sujungia klasikinius ančiuvių, alyvuogių ir kaparėlių skonius.

2 vidutiniai baklažanai (kiekvienas apie 1 svaras)

Druska

¼ puodelio plius 1 valgomasis šaukštas alyvuogių aliejaus

1 didelė česnako skiltelė, smulkiai susmulkinta

2 vidutiniai pomidorai, nulupti, išskobti ir supjaustyti

6 ančiuvių filė

½ puodelio kapotų Gaetos ar kitų minkštų juodųjų alyvuogių

2 šaukštai kaparėlių, nuplauti ir nusausinti

1/2 arbatinio šaukštelio džiovinto raudonėlio

⅓ stiklinės sausų džiūvėsėlių

1. Nupjaukite baklažanų viršūnes. Baklažanus perpjaukite per pusę išilgai. Mažu aštriu peiliu ir šaukštu išskobkite baklažano minkštimą, palikdami maždaug 1/2 colio storio lukštą. Minkštimą stambiai supjaustykite ir sudėkite į kiaurasamtį. Gausiai pabarstykite druska ir padėkite į lėkštę, kad nuvarvėtų. Baklažanų lukštų vidų pabarstykite druska ir apverstą popieriniais rankšluosčiais padėkite. Leiskite nuvarvėti 30 minučių.

2. Nuplaukite druską po šaltu vandeniu ir nusausinkite baklažanus popieriniais rankšluosčiais. Išspauskite minkštimą, kad ištrauktumėte vandenį.

3. Didelėje keptuvėje ant vidutinės ir stiprios ugnies įkaitinkite aliejų, kol įdėjus į keptuvę sušvilpės nedidelis baklažano gabalėlis. Įpilkite baklažanų minkštimo ir virkite, dažnai maišydami, kol tik pradės ruduoti, 15–20 minučių. Įdėkite česnaką ir kepkite 1 minutę. Įpilkite pomidorų, ančiuvių, alyvuogių, kaparėlių, raudonėlio, druskos ir pipirų pagal skonį. Virkite, kol sutirštės, dar apie 5 minutes.

4. Orkaitės centre padėkite lentyną. Įkaitinkite orkaitę iki 400 ° F. Kepimo skardą ištepkite riebalais, kurių dydis pakaktų baklažanų lukštams viename sluoksnyje.

5. Užpildykite lukštus baklažanų mišiniu. Įdėkite juos į keptuvę. Sumaišykite džiūvėsėlius su likusiu aliejumi ir pabarstykite juo lukštus. Kepkite 45 minutes arba tol, kol pradurti lukštai suminkštės. Leiskite šiek tiek atvėsti. Patiekite šiltą arba kambario temperatūros.

Baklažanai su actu ir žolelėmis

Melanzane alle Erbe

Padaro nuo 6 iki 8 porcijų

Planuokite tai padaryti bent valandą prieš patiekiant. Leisdami jam sėdėti, actas turės galimybę suminkštėti. Mėgstu patiekti su ant grotelių keptu tunu ar kardžuve kaip vasaros kepsnių dalį.

2 vidutiniai baklažanai (kiekvienas maždaug 1 svaras), supjaustyti 1 colio gabalėliais

Druska

1 1/2 puodelio alyvuogių aliejaus

1 1/2 puodelio raudonojo vyno acto

1 1/4 stiklinės cukraus

2 šaukštai kapotų šviežių petražolių

2 šaukštai kapotų šviežių mėtų

1. Nupjaukite baklažanų viršų ir apačią. Baklažanus supjaustykite 1 colio gabalėliais. Sudėkite gabalėlius į kiaurasamtį, kiekvieną sluoksnį pabarstykite druska. Padėkite sietelį ant lėkštės, kad

nuvarvėtų bent 30 minučių. Nuplaukite druską po šaltu vandeniu ir nusausinkite gabalėlius popieriniais rankšluosčiais.

2. Išklokite padėklą popieriniais rankšluosčiais. Didelėje keptuvėje ant vidutinės ugnies įkaitinkite 1/4 puodelio aliejaus. Sudėkite pusę baklažano gabalėlių ir kepkite, dažnai maišydami, kol taps auksinės rudos spalvos, maždaug 15 minučių. Naudodami kiaurasamtį perkelkite baklažanus ant popierinių rankšluosčių, kad nuvarvėtų. Į keptuvę įpilkite likusį aliejų ir lygiai taip pat apkepkite likusius baklažanus.

3. Nukelkite keptuvę nuo ugnies ir atsargiai supilkite likusį aliejų. Atsargiai nuvalykite keptuvę popieriniais rankšluosčiais.

4. Įdėkite keptuvę ant vidutinės ugnies ir supilkite actą ir cukrų. Maišykite, kol cukrus ištirps. Grąžinkite visus baklažanus į keptuvę ir maišydami kepkite, kol skystis susigers, maždaug 5 minutes.

5. Baklažanus perkelkite į serviravimo lėkštę ir pabarstykite petražolėmis bei mėtomis. Leiskite atvėsti. Patiekite kambario temperatūroje.

Kepti baklažanų kotletai

Melanzane Fritte

Padaro nuo 4 iki 6 porcijų

Vienintelis šių kotletų sunkumas yra tas, kad sunku nustoti juos valgyti. Jie tokie geri, kai yra karšti ir ką tik pagaminti. Patiekite juos ant sumuštinių arba kaip garnyrą.

1 vidutinis baklažanas (apie 1 svaras)

Druska

2 dideli kiaušiniai

1/4 puodelio šviežiai tarkuoto Parmigiano-Reggiano

šviežiai maltų juodųjų pipirų

1 1/2 puodelio universalių miltų

1 1/2 stiklinės sausų džiūvėsėlių

Augalinis aliejus kepimui

1. Nupjaukite baklažanų viršų ir apačią. Baklažanus supjaustykite skersai 1/4 colio storio griežinėliais. Sudėkite griežinėlius į

kiaurasamtį, kiekvieną sluoksnį pabarstykite druska. Padėkite sietelį ant lėkštės, kad nuvarvėtų bent 30 minučių. Nuplaukite druską po šaltu vandeniu ir nusausinkite riekeles popieriniais rankšluosčiais.

2. Suberkite miltus į negilų dubenį. Kitame sekliame dubenyje išplakite kiaušinius, sūrį, druską ir pipirus pagal skonį. Baklažano skilteles panardinkite į miltus, tada kiaušinių mišinį, tada džiūvėsėlius, paglostykite, kad gerai pasidengtų. Leiskite gabalėliams išdžiūti ant grotelių 15 minučių.

3. Išklokite padėklą popieriniais rankšluosčiais. Įjunkite orkaitę iki minimumo. Didelėje, sunkioje keptuvėje įkaitinkite 1/2 colio aliejaus, kol mažas kiaušinių mišinio lašelis sušnypš, kai pateks į aliejų. Įdėkite tiek baklažano griežinėlių, kad tilptų viename sluoksnyje, neperstumdami. Kepkite iki auksinės rudos spalvos iš vienos pusės, maždaug 3 minutes, tada apverskite ir apkepkite iš kitos pusės, dar apie 2–3 minutes. Baklažano skilteles nusausinkite ant popierinių rankšluosčių. Laikykite juos šiltai žemoje orkaitėje, o likusius kepsite tokiu pat būdu. Patiekite karštą.

Baklažanai su aštriu pomidorų padažu

Melanzanas padaže

Padaro nuo 6 iki 8 porcijų

Šis sluoksniuotas patiekalas panašus į baklažaną Parmigiana, be Parmigiano. Kadangi sūrio nėra, jis yra lengvesnis ir gaivesnis, tinka vasaros patiekalams.

2 vidutiniai baklažanai (kiekvienas apie 1 svaras)

Druska

Alyvuogių aliejus

2 sutrintos česnako skiltelės

2 puodeliai pomidorų tyrės

½ arbatinio šaukštelio maltų raudonųjų pipirų

1 1/2 puodelio kapotų šviežių baziliko lapelių

1. Nupjaukite baklažanų viršų ir apačią. Baklažanus supjaustykite skersai 1/2 colio storio griežinėliais. Sudėkite griežinėlius į kiaurasamtį, kiekvieną sluoksnį pabarstykite druska. Padėkite sietelį ant lėkštės, kad nuvarvėtų bent 30 minučių. Nuplaukite

druską po šaltu vandeniu ir nusausinkite riekeles popieriniais rankšluosčiais.

2. Orkaitės centre padėkite lentyną. Įkaitinkite orkaitę iki 450 ° F. Dvi dideles želatinos formas ištepkite aliejumi. Baklažano griežinėlius išdėliokite vienu sluoksniu. Aptepkite aliejumi. Kepkite iki šviesiai auksinės spalvos, apie 10 minučių. Apverskite riekeles metaline mentele ir kepkite, kol antroji pusė pasidarys auksinės rudos spalvos, o pradūrus griežinėliai taps minkšti, dar apie 10 minučių.

3. Vidutiniame puode apkepkite česnaką 1/4 puodelio alyvuogių aliejaus ant vidutinės ugnies iki auksinės spalvos, maždaug 2 minutes. Įpilkite pomidorų tyrės, raudonųjų pipirų ir druskos pagal skonį. Virkite ant mažos ugnies 15 minučių arba kol sutirštės. Išmeskite česnaką.

4. Sekliame inde viename sluoksnyje išdėliokite pusę baklažano. Aptepkite puse padažo ir baziliko. Pakartokite su likusiais ingredientais. Patiekite kambario temperatūroje.

Baklažanų parmigiana

Melanzane alla Parmigiana

Padaro nuo 6 iki 8 porcijų

Tai vienas tų patiekalų, nuo kurių niekada nepavargstu. Jei nenorite baklažanų kepti, pabandykite jį gaminti su ant grotelių arba keptais griežinėliais.

2 1/2 puodelio marinara padažas ar kito paprasto pomidorų padažo

2 vidutiniai baklažanai (kiekvienas apie 1 svaras)

Druska

Alyvuogių aliejus arba augalinis aliejus kepimui

8 uncijos šviežios mocarelos, supjaustytos

1/2 puodelio šviežiai tarkuoto Parmigiano-Reggiano arba Pecorino Romano

1. Jei reikia, paruoškite padažą. Tada nupjaukite baklažanų viršų ir apačią. Baklažanus supjaustykite skersai 1/2 colio storio griežinėliais. Sudėkite griežinėlius į kiaurasamtį, kiekvieną sluoksnį pabarstykite druska. Padėkite sietelį ant lėkštės, kad nuvarvėtų bent 30 minučių. Nuplaukite druską po šaltu vandeniu ir nusausinkite riekeles popieriniais rankšluosčiais.

2. Išklokite padėklą popieriniais rankšluosčiais. Didelėje keptuvėje ant vidutinės ugnies įkaitinkite apie 1/2 colio aliejaus, kol įdėjus į keptuvę sušvilpės mažas baklažano gabalėlis. Įdėkite tiek baklažano griežinėlių, kad tilptų viename sluoksnyje, neperstumdami. Kepkite iki auksinės rudos spalvos iš vienos pusės, maždaug 3 minutes, tada apverskite ir apkepkite iš kitos pusės, dar apie 2–3 minutes. Nusausinkite griežinėlius ant popierinių rankšluosčių. Likusius baklažano griežinėlius iškepkite tokiu pat būdu.

3. Orkaitės centre padėkite lentyną. Įkaitinkite orkaitę iki 350 ° F. 13 × 9 × 2 colių kepimo indą ištepkite plonu pomidorų padažo sluoksniu. Padarykite baklažano griežinėlių sluoksnį, šiek tiek perdengdami juos. Ant viršaus uždėkite sluoksnį mocarelos, kitą padažo sluoksnį ir pabarstykite tarkuotu sūriu. Pakartokite sluoksnius, baigdami baklažanais, padažu ir tarkuotu sūriu.

4. Kepkite 45 minutes arba kol padažas ims burbuliuoti. Prieš patiekdami leiskite pastovėti 10 minučių.

keptas pankolis

Finokis al Forno

Padaro 4 porcijas

Kai buvau maža, niekada nevalgėme virtų pankolių. Jis visada buvo patiekiamas žalias, suteikiant gaivų traškumą salotoms arba patiekiamas griežinėliais po valgio, ypač dideliuose kalėdiniuose vakarėliuose. Tačiau kepimas sumažina skonį ir pakeičia tekstūrą, todėl jis tampa minkštas ir švelnus.

2 vidutinės pankolio svogūnėliai (apie 1 svaras)

1/4 puodelio alyvuogių aliejaus

Druska

1. Orkaitės centre padėkite lentyną. Įkaitinkite orkaitę iki 425 ° F. Nupjaukite žalius pankolio stiebus iki apvalios svogūnėlio. Sumušimus pašalinkite nedideliu peiliu arba daržovių skustuku. Nupjaukite ploną sluoksnį nuo šaknies galo. Pankolį perpjaukite per pusę išilgai. Kiekvieną pusę išilgai supjaustykite 1/2 colio storio griežinėliais.

2. Supilkite aliejų į 13 × 9 × 2 colių kepimo formą. Sudėkite pankolio skilteles ir apverskite, kad pasidengtų aliejumi. Išdėliokite griežinėlius į vieną sluoksnį. Pabarstykite druska.

3. Uždenkite keptuvę aliuminio folija. Kepkite 20 minučių. Atidenkite ir kepkite dar 15–20 minučių arba tol, kol pradurti peiliu pankoliai suminkštės. Patiekite karštą arba kambario temperatūros.

Pankoliai su parmezano sūriu

Finocchio alla Parmigiano

Padaro 6 porcijas

Šie pankoliai pirmiausia užplikomi vandenyje, kad būtų minkštesni. Tada jis užpilamas tarkuotu Parmigiano ir kepamas. Patiekite su jautienos arba kiaulienos kepsniu.

2 mažos pankolio svogūnėliai (apie 1 svaras)

Druska

2 šaukštai nesūdyto sviesto

šviežiai maltų juodųjų pipirų

1/4 puodelio tarkuoto Parmigiano-Reggiano

1. Orkaitės centre padėkite lentyną. Įkaitinkite orkaitę iki 450 ° F. 13 × 9 × 2 colių kepimo indą gausiai ištepkite sviestu.

2. Nupjaukite žalius pankolio stiebus iki apvalios svogūnėlio. Sumušimus pašalinkite nedideliu peiliu arba daržovių skustuku. Nupjaukite ploną sluoksnį nuo šaknies galo. Supjaustykite svogūnėlius išilgai per šerdį 1/4 colio storio griežinėliais.

3. Dideliame puode užvirinkite 2 litrus vandens. Įpilkite pankolių ir 1 arbatinį šaukštelį druskos. Sumažinkite ugnį ir troškinkite neuždengę, kol pankolis taps traškus, 8–10 minučių. Gerai nusausinkite ir išdžiovinkite.

4. Pankolio skilteles išdėliokite vienu sluoksniu kepimo formoje. Aptepkite sviestu ir pagal skonį pabarstykite druska ir pipirais. Ant viršaus uždėkite sūrio. Kepkite 10 minučių arba tol, kol sūris bus švelniai auksinis. Patiekite karštą arba kambario temperatūros.

Pankoliai su ančiuvių padažu

Finokis su Acciughe padažu

Padaro 4 porcijas

Užuot suminkštinę pankolį verdami, pagal šį receptą uždenkite ir kepkite, leisdami garuoti savo sultyse. Skonis išlieka nepakitęs, o pankolis yra šiek tiek traškus, bet vis dar švelnus. Jei norite minkštesnių pankolių, išvirkite kaip nurodyta receptePankoliai su parmezano sūriu.

Kadangi tokiu būdu iškepti pankoliai yra labai skanūs, mėgstu jį patiekti su ant grotelių kepta vištiena arba paprastais kiaulienos gabalėliais. Tai taip pat yra geras antipasto patiekalas kambario temperatūroje.

2 vidutinės pankolio svogūnėliai (apie svaras)

4 ančiuvių filė, nusausinta ir susmulkinta

2 šaukštai kapotų šviežių petražolių

2 šaukštai kaparėlių, nuplauti ir nusausinti

šviežiai maltų juodųjų pipirų

druskos (nebūtina)

¹1/4 puodelio alyvuogių aliejaus

1. Orkaitės centre padėkite lentyną. Įkaitinkite orkaitę iki 375 ° F. 13 × 9 × 2 colių kepimo formą ištepkite riebalais.

2. Nupjaukite žalius pankolio stiebus iki apvalios svogūnėlio. Sumušimus pašalinkite nedideliu peiliu arba daržovių skustuku. Nupjaukite ploną sluoksnį nuo šaknies galo. Supjaustykite svogūnėlius išilgai per šerdį 1/4 colio storio griežinėliais.

3. Pankolį išdėliokite vienu sluoksniu keptuvėje, šiek tiek perdengdami griežinėlius. Ant viršaus pabarstykite ančiuvius, petražoles, kaparėlius ir pipirus. Įdėkite druskos, jei norite. Apšlakstykite aliejumi.

4. Uždenkite keptuvę aliuminio folija. Kepkite 40 minučių arba tol, kol pankolis suminkštės. Atsargiai nuimkite foliją ir kepkite dar 5 minutes arba tol, kol pradurti pankoliai suminkštės, bet nesuminkštės. Prieš patiekdami leiskite šiek tiek atvėsti.

Žaliosios pupelės su petražolėmis ir česnaku

Fagiolini al Aglio

Padaro 4 porcijas

Šviežios petražolės yra būtinos italų virtuvėje. Šaldytuve visada laikau krūvą. Parsinešusi iš parduotuvės, nupjaunu galiukus ir numetu kotelius į indelį su vandeniu. Uždengtos plastikiniu maišeliu, petražolės šaldytuve išlieka šviežios bent savaitę, ypač jei atsargiai keisiu vandenį stiklainyje. Prieš naudodami petražoles nuplaukite, kad pašalintumėte kruopas, ir nuskabykite lapus nuo stiebų. Susmulkinkite petražoles ant lentos dideliu šefo peiliu arba, jei norite, tiesiog supjaustykite mažais gabalėliais. Susmulkintos šviežios petražolės daugeliui maisto produktų suteikia spalvos ir šviežumo.

Kaip variantą, prieš patiekdami šias pupeles paskutinį kartą įmeskite į keptuvę su trupučiu citrinos žievelės.

1 svaras šparaginių pupelių

Druska

3 šaukštai alyvuogių aliejaus

1 česnako skiltelė smulkiai pjaustyta

2 šaukštai kapotų šviežių petražolių

šviežiai maltų juodųjų pipirų

1. Nuimkite šparaginių pupelių stiebo galus. Dideliame puode užvirinkite apie 2 litrus vandens. Įpilkite pupelių ir druskos pagal skonį. Virkite neuždengtas, kol pupelės taps traškios, 4–5 minutes.

2. Nusausinkite pupeles ir nusausinkite. (Jei neketinate jų naudoti iš karto, leiskite atvėsti po šaltu tekančiu vandeniu. Suvyniokite pupeles į virtuvinį rankšluostį ir palikite kambario temperatūroje iki 3 valandų.)

3. Prieš patiekdami, didelėje keptuvėje ant vidutinės ugnies įkaitinkite aliejų su česnaku ir petražolėmis. Suberkite pupeles ir žiupsnelį pipirų. Švelniai maišykite 2 minutes, kol sušils. Patiekite karštą.

Žaliosios pupelės su lazdyno riešutais

Fagiolini al Nocciole

Padaro 4 porcijas

Graikiniai riešutai ir migdolai taip pat tinka prie šių pupelių, jei norite.

1 svaras šparaginių pupelių

Druska

3 šaukštai nesūdyto sviesto

⅓ puodelio kapotų lazdyno riešutų

1. Nuimkite šparaginių pupelių stiebo galus. Dideliame puode užvirinkite apie 2 litrus vandens. Įpilkite pupelių ir druskos pagal skonį. Virkite neuždengtas, kol pupelės taps traškios, 4–5 minutes.

2. Pupeles gerai nusausinkite ir išdžiovinkite. (Jei neketinate jų naudoti iš karto, leiskite atvėsti po šaltu tekančiu vandeniu. Suvyniokite pupeles į virtuvinį rankšluostį ir palikite kambario temperatūroje iki 3 valandų.)

3. Prieš patiekdami, didelėje keptuvėje įkaitinkite sviestą. Suberkite lazdyno riešutus ir virkite, dažnai maišydami, kol riešutai lengvai apskrus, o sviestas lengvai apskrus, maždaug 3 minutes.

4. Suberkite pupeles ir žiupsnelį druskos. Kepkite, dažnai maišydami, kol įkais, 2–3 minutes. Patiekite iš karto.

Žaliosios pupelės su žaliu padažu

Fagiolini su pesto

Padaro 4 porcijas

Jei norite, į šias šparagines pupeles įpilkite virtų naujų bulvių. Patiekite juos su ant grotelių kepta lašiša arba tuno filė.

1/4 puodelio Žaliasis padažas

1 svaras šparaginių pupelių

Druska

1. Jei reikia, paruoškite žaliąjį padažą. Tada nupjaukite šparaginių pupelių stiebo galus. Dideliame puode užvirinkite apie 2 litrus vandens. Įpilkite pupelių ir druskos pagal skonį. Virkite neuždengtas, kol pupelės suminkštės, 5–6 minutes.

2. Pupeles gerai nusausinkite ir išdžiovinkite. Sumaišykite su padažu. Patiekite šiltą arba kambario temperatūros.

Žaliųjų pupelių salotos

Fagiolini Salatoje

Padaro 6 porcijas

Ančiuviai ir šviežios žolelės suteikia šioms šparaginių pupelių salotoms skonį. Jei norite, įdėkite kelias skrudintų raudonųjų paprikų juosteles.

1 1/2 svarų šparaginių pupelių

4 ančiuvių filė

2 česnako skiltelės smulkiai pjaustytos

2 šaukštai kapotų šviežių petražolių

1 valgomasis šaukštas kapotų šviežių mėtų

1 1/4 puodelio alyvuogių aliejaus

2 šaukštai raudonojo vyno acto

Druska ir šviežiai malti juodieji pipirai

1. Nuimkite šparaginių pupelių stiebo galus. Dideliame puode užvirinkite apie 2 litrus vandens. Įpilkite pupelių ir druskos

pagal skonį. Virkite neuždengtas, kol pupelės suminkštės, 5–6 minutes.

2. Pupeles nuplaukite po šaltu vandeniu ir gerai nusausinkite. Aš žinau tai.

3. Vidutiniame dubenyje sumaišykite ančiuvius, česnaką, petražoles, mėtas ir druską bei pipirus pagal skonį. Suplakite aliejų ir actą.

4. Supilkite šparagines pupeles su padažu ir patiekite.

Žaliosios pupelės pomidorų ir baziliko padaže

Fagiolini Salsa di Pomodoro mieste

Padaro 6 porcijas

Šie puikiai dera su dešra ar ant grotelių keptais šonkauliukais.

1 1/2 svarų šparaginių pupelių

Druska

2 šaukštai nesūdyto sviesto

1 mažas svogūnas smulkiai pjaustytas

2 puodeliai nuluptų, be sėklų ir susmulkintų šviežių pomidorų

šviežiai maltų juodųjų pipirų

6 švieži baziliko lapeliai, supjaustyti gabalėliais

1. Nuimkite šparaginių pupelių stiebo galus. Dideliame puode užvirinkite apie 2 litrus vandens. Įpilkite pupelių ir druskos pagal skonį. Virkite neuždengtas, kol pupelės taps traškios, 4–5 minutes. Pupeles nuplaukite po šaltu vandeniu ir gerai nusausinkite. Aš žinau tai.

2. Vidutiniame puode ant vidutinės ugnies ištirpinkite sviestą. Įdėkite svogūną ir kepkite, dažnai maišydami, iki auksinės rudos spalvos, maždaug 10 minučių. Įpilkite pomidorų ir druskos bei pipirų pagal skonį. Užvirkite ir virkite 10 minučių.

3. Sudėkite šparagines pupeles ir baziliką. Virkite, kol įkais, dar apie 5 minutes.

Šparaginės pupelės su šonine ir svogūnu

Fagiolini alla Pancetta

Padaro 6 porcijas

Žaliosios pupelės yra kvapnesnės ir geresnės tekstūros, kai verdamos, kol suminkštės. Tikslus kepimo laikas priklauso nuo pupelių dydžio, šviežumo ir brandos. Paprastai bandau vieną ar du, kad įsitikinčiau. Man patinka, kai jie nebedūžta, bet nėra purūs ar suglebę. Šis receptas yra iš Friuli-Venezia Giulia.

1 svaras šparaginių pupelių

Druska

½ puodelio kapotos šoninės (apie 2 uncijos)

1 mažas svogūnas susmulkintas

2 česnako skiltelės smulkiai pjaustytos

2 šaukštai kapotų šviežių petražolių

2 švieži šalavijų lapai

2 šaukštai alyvuogių aliejaus

1. Nuimkite šparaginių pupelių stiebo galus. Dideliame puode užvirinkite apie 2 litrus vandens. Įpilkite pupelių ir druskos pagal skonį. Virkite neuždengtas, kol pupelės taps traškios, 4–5 minutes. Pupeles nuplaukite po šaltu vandeniu ir gerai nusausinkite. Aš žinau tai. Pupeles supjaustykite mažais gabalėliais.

2. Didelėje keptuvėje apie 10 minučių aliejuje kepkite pancetą, svogūną, česnaką, petražoles ir šalavijus, kol svogūnas taps auksinės spalvos. Suberkite šparagines pupeles ir žiupsnelį druskos. Virkite, kol įkais, dar apie 5 minutes. Patiekite karštą.

Šparaginės pupelės su pomidorų padažu ir šonine

Fagiolini su Salsa di Pomodori ir Pancetta

Padaro 4 porcijas

Šios pupelės yra puikus patiekalas su frittata ar tortilija.

1 svaras šparaginių pupelių

Druska

¼ puodelio kapotos šoninės (apie 1 uncija)

1 česnako skiltelė smulkiai pjaustyta

2 šaukštai alyvuogių aliejaus

2 dideli prinokę pomidorai, nulupti, išskobti ir supjaustyti

2 šakelės šviežio rozmarino

šviežiai maltų juodųjų pipirų

1. Paruoškite pupeles, kaip aprašyta 1 veiksmeŠparaginės pupelės su šonine ir svogūnureceptą, bet nesupjaustykite jų į gabalus.

2. Vidutiniame puode kepkite pancetta ir česnaką aliejuje ant vidutinės ugnies iki auksinės rudos spalvos, maždaug 5 minutes.

Įdėkite pomidorų, rozmarinų, druskos ir pipirų pagal skonį. Užvirkite ir virkite 10 minučių.

3. Suberkite pupeles į padažą ir virkite, kol įkais, apie 5 minutes. Išimkite rozmariną. Patiekite karštą.

Žaliosios pupelės su Parmigiano

Fagiolini alla Parmigiana

Padaro 4 porcijas

Citrinos žievelė, muskato riešutas ir sūris pagardina šias šparagines pupeles. Norėdami gauti geriausius rezultatus, naudokite šviežius ingredientus.

1 svaras šparaginių pupelių, susmulkintų

2 sviesto šaukštai

1 mažas svogūnas susmulkintas

½ arbatinio šaukštelio tarkuotos šviežios citrinos žievelės

Žiupsnelis šviežiai malto muskato riešuto

Druska ir šviežiai malti juodieji pipirai

¼ puodelio šviežiai tarkuoto Parmigiano-Reggiano

1. Nuimkite šparaginių pupelių stiebo galus. Dideliame puode užvirinkite apie 2 litrus vandens. Įpilkite pupelių ir druskos pagal skonį. Virkite neuždengtas, kol pupelės taps traškios, 4–5

minutes. Pupeles nuplaukite po šaltu vandeniu ir gerai nusausinkite. Aš žinau tai.

2. Vidutinėje keptuvėje ant vidutinės ugnies ištirpinkite sviestą. Įdėkite svogūną ir kepkite iki auksinės spalvos, maždaug 10 minučių. Įpilkite pupelių, citrinos žievelės, muskato riešuto, druskos ir pipirų pagal skonį. Pabarstykite sūriu ir nukelkite nuo ugnies. Leiskite sūriui šiek tiek ištirpti ir patiekite karštą.

Vaško pupelės su alyvuogėmis

Fagiolini Giallo su alyvuogėmis

Padaro 4 porcijas

Blizgios juodosios alyvuogės ir žalios petražolės suteikia ryškios spalvos kontrastą šviesiai geltonoms vaško pupelėms; Taip paruoštos šparaginės pupelės taip pat skanios. Norėdami patiekti šias pupeles kambario temperatūroje, sviestą pakeiskite alyvuogių aliejumi, kuris vėsdamas sukietės.

1 svaras geltonojo vaško arba šparaginių pupelių

Druska

3 šaukštai nesūdyto sviesto

1 mažas svogūnas susmulkintas

1 česnako skiltelė smulkiai pjaustyta

1/2 puodelio švelnių juodųjų alyvuogių, tokių kaip Gaeta, be kauliukų ir susmulkintų

2 šaukštai kapotų šviežių petražolių

1. Nuimkite šparaginių pupelių stiebo galus. Dideliame puode užvirinkite apie 2 litrus vandens. Įpilkite pupelių ir druskos pagal skonį. Virkite neuždengtas, kol pupelės taps traškios, 4–5 minutes. Pupeles nuplaukite po šaltu vandeniu ir gerai nusausinkite. Aš žinau tai. Supjaustykite pupeles 1 colio gabalėliais.

2. Keptuvėje, pakankamai didelėje, kad tilptų visos pupelės, ant vidutinės ugnies ištirpinkite sviestą. Įdėkite svogūną ir česnaką ir kepkite, kol suminkštės ir auksinės spalvos, maždaug 10 minučių.

3. Įmaišykite pupeles, alyvuoges ir petražoles, kol pašildys, maždaug 2 minutes. Patiekite karštą.

špinatai su citrina

Spinaci al Limone

Padaro 4 porcijas

Šlakelis gero alyvuogių aliejaus ir keli lašai šviežių citrinų sulčių sustiprina virtų špinatų ar kitų lapinių žalumynų skonį.

2 svarai šviežių špinatų be kietų stiebų

1/4 puodelio vandens

Druska

Pirmo spaudimo alyvuogių aliejus

Citrinos griežinėliai

1. Špinatus gerai nuplaukite kelis kartus pakeitę šaltu vandeniu. Į didelį puodą sudėkite špinatus, vandenį ir žiupsnelį druskos. Uždenkite puodą ir sumažinkite ugnį iki vidutinės. Virkite 5 minutes arba tol, kol špinatai bus minkšti ir minkšti. Špinatus nusausinkite ir išspauskite vandens perteklių.

2. Serviravimo dubenyje supilkite špinatus su alyvuogių aliejumi pagal skonį.

3. Patiekite karštą arba kambario temperatūros, papuoštą citrinos griežinėliais.

Špinatai ar kitos daržovės su sviestu ir česnaku

Asilų daržovės

Padaro 6 porcijas

Sviesto ir česnako glotnumas ypač dera su nedideliu daržovių, pavyzdžiui, špinatų ar mangoldų, kartumu.

2 svarai špinatų, be kietų stiebų

1/4 puodelio vandens

Druska

2 šaukštai nesūdyto sviesto

1 česnako skiltelė smulkiai pjaustyta

šviežiai maltų juodųjų pipirų

1. Špinatus gerai nuplaukite kelis kartus pakeitę šaltu vandeniu. Į didelį puodą sudėkite špinatus, vandenį ir žiupsnelį druskos. Uždenkite puodą ir sumažinkite ugnį iki vidutinės. Virkite 5 minutes arba tol, kol špinatai bus minkšti ir minkšti. Špinatus nusausinkite ir išspauskite vandens perteklių.

2. Vidutinėje keptuvėje ant vidutinės ugnies ištirpinkite sviestą. Įdėkite česnaką ir kepkite iki auksinės spalvos, maždaug 2 minutes.

3. Įpilkite špinatų, druskos ir pipirų pagal skonį. Virkite, retkarčiais pamaišydami, kol įkais, apie 2 minutes. Patiekite karštą.

Špinatai su razinomis ir pušies riešutais

Spinaci su vynuogėmis ir Pinoli

Padaro 4 porcijas

Razinos ir pušies riešutai naudojami daugeliui patiekalų gardinti pietų Italijoje ir visoje Viduržemio jūroje. Taip galima paruošti ir šveicarinius mangoldus arba burokėlių žalumynus.

2 svarai šviežių špinatų be kietų stiebų

1/4 puodelio vandens

Druska

2 šaukštai nesūdyto sviesto

šviežiai maltų juodųjų pipirų

2 šaukštai razinų

2 šaukštai skrudintų pušies riešutų

1. Špinatus gerai nuplaukite kelis kartus pakeitę šaltu vandeniu. Į didelį puodą sudėkite špinatus, vandenį ir žiupsnelį druskos. Uždenkite puodą ir sumažinkite ugnį iki vidutinės. Virkite 5

minutes arba tol, kol špinatai bus minkšti ir minkšti. Špinatus nusausinkite ir išspauskite vandens perteklių.

2. Išvalykite puodą. Puode ištirpinkite sviestą, tada suberkite špinatus ir razinas. Išmaišykite vieną ar du kartus ir virkite 5 minutes, kol razinos taps putlios. Pabarstykite kedro riešutais ir nedelsdami patiekite.

Špinatai su ančiuviais, Pjemonto stiliaus

Spinaci alla Piemontesa

Padaro 6 porcijas

Pjemonte šie skanūs špinatai dažnai patiekiami ant svieste keptų duonos riekelių, bet tinka ir vieni. Kitas variantas – špinatus užpilti keptais arba keptais kiaušiniais.

2 svarai šviežių špinatų be kietų stiebų

1 1/4 puodelio vandens

Druska

1 1/4 puodelio nesūdyto sviesto

4 ančiuvių filė

1 česnako skiltelė smulkiai pjaustyta

1. Špinatus gerai nuplaukite kelis kartus pakeitę šaltu vandeniu. Į didelį puodą sudėkite špinatus, vandenį ir žiupsnelį druskos. Uždenkite puodą ir sumažinkite ugnį iki vidutinės. Virkite 5 minutes arba tol, kol špinatai bus minkšti ir minkšti. Špinatus nusausinkite ir išspauskite vandens perteklių.

2. Išvalykite puodą. Puode ištirpinkite sviestą. Sudėkite ančiuvius ir česnaką ir maišydami kepkite, kol ančiuviai ištirps, maždaug 2 minutes. Suberkite špinatus ir virkite, nuolat maišydami, kol įkais, 2–3 minutes. Patiekite karštą.

Escarole su česnaku

Scarola al'Aglio

Padaro 4 porcijas

Endive yra didelės ir įvairios cikorijos šeimos, kuriai priklauso endivija, frisée, kiaulpienės ir radicchio, narys. Escarole yra labai populiari neapolietiškose virtuvėse. Mažos endivijos galvutės įdaromos ir troškinamos, minkšti vidiniai lapai valgomi žali salotose, o endivijos taip pat verdamos sriuboje. Paįvairinkite šį patiekalą, atsisakydami raudonosios paprikos ir pridėdami 1/4 puodelio razinų.

1 endivijos galva (apie 1 svaras)

3 šaukštai alyvuogių aliejaus

3 česnako skiltelės, smulkiai pjaustytos

Žiupsnelis maltų raudonųjų pipirų (nebūtina)

Druska

1. Nupjaukite endiviją ir išmeskite sumuštus lapus. Nupjaukite stiebo galus. Atskirkite lapus ir gerai nuplaukite šaltame vandenyje, ypač lapų centre, kur kaupiasi nešvarumai. Sudėkite lapus ir supjaustykite mažais gabalėliais.

2. Dideliame puode apkepkite česnaką ir raudonuosius pipirus, jei naudojate, alyvuogių aliejuje ant vidutinės ugnies, kol česnakas taps auksinės spalvos, maždaug 2 minutes. Įpilkite eskarolės ir druskos pagal skonį. Gerai išmaišykite. Uždenkite puodą ir virkite, kol escarole suminkštės, maždaug 12–15 minučių. Patiekite karštą.

Kiaulpienė su bulvėmis

Dente di Leone su Patate

Padaro 4 porcijas

Kiaulpienių žalumynus galima pakeisti kopūstais arba šveicariniais mangoldais; jums reikia daržovės pakankamai tvirtos, kad iškeptumėte kartu su bulvėmis. Šiek tiek vyno acto sustiprina šių daržovių ir česnakinių bulvių skonį.

1 krūva kiaulpienių žalumynų (apie 1 svaras)

6 mažos vaškinės bulvės, nuluptos ir supjaustytos

Druska

3 česnako skiltelės, susmulkintos

3 šaukštai alyvuogių aliejaus

1 valgomasis šaukštas baltojo vyno acto

1. Nupjaukite kiaulpienę ir išmeskite sumuštus lapus. Nupjaukite stiebo galus. Atskirkite lapus ir gerai nuplaukite šaltame vandenyje, ypač lapų centre, kur kaupiasi nešvarumai. Lapus supjaustykite skersai nedideliais gabalėliais.

2. Užvirinkite apie 4 litrus vandens. Įdėkite bulvių skilteles, kiaulpienę ir druską pagal skonį. Vėl užvirinkite vandenį ir virkite, kol daržovės suminkštės, maždaug 10 minučių. Gerai nusausinkite.

3. Didelėje keptuvėje apkepkite česnaką aliejuje iki auksinės spalvos, maždaug 2 minutes. Supilkite daržoves, actą ir žiupsnelį druskos. Kepkite gerai maišydami, kol įkais, apie 2 minutes. Patiekite karštą.

Grybai su česnaku ir petražolėmis

Funghi Trifolati

Padaro 4 porcijas

Tai bene populiariausias grybų paruošimo būdas Italijoje. Pabandykite pridėti keletą egzotiškų grybų veislių, kad gautumėte daugiau skonio.

1 pakuotė (10–12 uncijų) baltųjų grybų

1/4 puodelio alyvuogių aliejaus

2 šaukštai kapotų šviežių petražolių

2 didelės česnako skiltelės, smulkiai supjaustytos

Druska ir šviežiai malti juodieji pipirai

1. Grybus sudėkite į kiaurasamtį ir greitai nuplaukite po šaltu tekančiu vandeniu. Grybus nusausinkite ir nusausinkite. Grybus perpjaukite pusiau arba ketvirčiais, jei jie dideli. Nupjaukite galus, jei jie atrodo sausi.

2. Didelėje keptuvėje ant vidutinės ugnies įkaitinkite aliejų. Sudėkite grybus. Kepkite, dažnai maišydami, kol grybai

paruduos, 8–10 minučių. Suberkite petražoles, česnaką, druską ir pipirus. Kepkite, kol česnakas taps auksinės spalvos, dar apie 2 minutes. Patiekite karštą.

Grybai, Genujos stiliaus

Grybai all Erbe

Padaro 6 porcijas

Kalnų šlaituose aplink Genują gausu laukinių grybų ir žolelių, todėl virėjai juos naudoja įvairiais būdais. Paprastai šiam patiekalui naudojami kiaulienos grybai, nors juos galima pakeisti bet kokiais dideliais auginamais grybais. Kadangi kiaulienos paprastai JAV nėra, aš pakeičiau mėsiškus, kvapnius portobello grybus. Kartais patiekiu juos kaip pagrindinį patiekalo be mėsos elementą.

6 dideli portobello grybai

4 šaukštai alyvuogių aliejaus

Druska ir šviežiai malti juodieji pipirai

2 česnako skiltelės smulkiai pjaustytos

3 šaukštai smulkiai pjaustytų šviežių plokščialapių petražolių

1 arbatinis šaukštelis susmulkinto šviežio rozmarino

1/2 arbatinio šaukštelio džiovinto mairūno

1. Orkaitės centre padėkite lentyną. Įkaitinkite orkaitę iki 425 ° F. Kepimo skardą ištepkite riebalais, pakankamai didelę, kad grybų kepurėlės būtų viename sluoksnyje.

2. Grybus nuvalykite drėgnais popieriniais rankšluosčiais. Nuimkite grybų stiebus ir nupjaukite galus, kuriuose kaupiasi nešvarumai. Stiebus supjaustykite plonais griežinėliais. Grybų stiebus sudėkite į dubenį ir apšlakstykite 2 šaukštais aliejaus.

3. Į keptuvę sudėkite grybų kepurėles atvira puse į viršų. Pabarstykite druska ir pipirais.

4. Nedideliame dubenyje sumaišykite česnaką, petražoles, rozmariną, mairūną, druską ir pipirus pagal skonį. Sumaišykite su likusiais 2 šaukštais aliejaus. Ant kiekvienos grybo kepurėlės uždėkite po žiupsnelį žolelių mišinio. Viršuje su stiebais.

5. Kepkite 15 minučių. Patikrinkite grybus, ar keptuvė per sausa. Jei reikia, įpilkite šiek tiek šilto vandens. Kepkite dar 15 minučių arba kol suminkštės. Patiekite karštą arba kambario temperatūros.

kepti grybai

Funghi al Forno

Padaro nuo 4 iki 6 porcijų

Pavasarį ir rudenį, kai jų yra gausiausia, kiaulienos grybai skrudinami alyvuogių aliejuje, kol kraštai švelniai paruduos, bet viduje minkšti ir mėsingi. Porcini yra retas ir brangus Jungtinėse Amerikos Valstijose, bet jūs galite taikyti tą patį apdorojimą kitų rūšių storiems, mėsingiems grybams, tokiems kaip cremini, portobello ar baltieji grybai, ir gauti gerų rezultatų. Vis dėlto neperpildykite keptuvės, nes kai kurios veislės išskiria daug vandens ir grybai garuos, o ne paruduos.

1 svaras grybų, tokių kaip baltieji, cremini arba portobello

4 didelės česnako skiltelės, smulkiai supjaustytos

1/4 puodelio aukščiausios kokybės pirmojo spaudimo alyvuogių aliejaus

Druska ir šviežiai malti juodieji pipirai

1. Orkaitės centre padėkite lentyną. Įkaitinkite orkaitę iki 400 ° F. Grybus nuvalykite drėgnais popieriniais rankšluosčiais. Nuimkite grybų stiebus ir nupjaukite galus, kuriuose kaupiasi nešvarumai. Grybus supjaustykite į ketvirčius arba aštuntas

dalis, jei jie dideli. Keptuvėje, kuri yra pakankamai didelė, kad ingredientai tilptų viename sluoksnyje, sumaišykite grybus, česnaką ir aliejų su druska ir pipirais pagal skonį. Tolygiai paskirstykite juos keptuvėje.

2. Kepkite ant grotelių 30 minučių, vieną ar du kartus pamaišydami, kol grybai suminkštės ir taps auksinės spalvos. Patiekite karštą.

grietinėlės grybai

Funghi alla Panna

Padaro 4 porcijas

Šie kreminiai grybai yra dangiški kaip garnyras prie kepsnio arba gali būti užkandis, patiekiami ant plonų skrudintos duonos riekelių.

1 pakuotė (10–12 uncijų) baltųjų grybų

2 šaukštai nesūdyto sviesto

1/4 puodelio kapotų askaloninių česnakų

Druska ir šviežiai malti juodieji pipirai

1/2 puodelio riebios grietinėlės

1. Grybus nuvalykite drėgnais popieriniais rankšluosčiais. Nuimkite grybų stiebus ir nupjaukite galus, kuriuose kaupiasi nešvarumai. Grybus supjaustykite storais griežinėliais.

2. Didelėje keptuvėje ant vidutinės ugnies ištirpinkite sviestą. Sudėkite askaloninius česnakus ir kepkite, kol suminkštės, apie 3 minutes. Įpilkite grybų ir druskos bei pipirų pagal skonį.

Kepkite, dažnai maišydami, kol grybai lengvai paruduos, maždaug 10 minučių.

3. Supilkite grietinėlę ir užvirinkite. Virkite, kol grietinėlė sutirštės, apie 2 minutes. Patiekite karštą arba šiltą.

Kepti kreminiai įdaryti grybai

Grybai al Gratin

Padaro 4 porcijas

Mėgstu juos patiekti kaip garnyrą su paprastu ant grotelių keptu kepsniu ar jautienos kepsniu, tačiau taip paruošti smulkesni grybukai tinka kaip užkandis.

12 didelių baltų arba kreminių grybų

4 šaukštai nesūdyto sviesto

¹1/4 puodelio malto askaloninio česnako arba svogūno

1 arbatinis šaukštelis smulkintų šviežių čiobrelių arba žiupsnelis džiovintų čiobrelių

Druska ir šviežiai malti juodieji pipirai

¹1/4 puodelio riebios arba plaktos grietinėlės

2 šaukštai sausų džiūvėsėlių

1. Grybus nuvalykite drėgnais popieriniais rankšluosčiais. Nuimkite grybų stiebus ir nupjaukite galus, kuriuose kaupiasi nešvarumai. Susmulkinkite stiebus.

2. Vidutinėje keptuvėje ištirpinkite 2 šaukštus sviesto. Sudėkite grybų stiebus, askaloninius česnakus ir čiobrelius. Pagardinkite druska ir pipirais pagal skonį. Kepkite, dažnai maišydami, kol grybų stiebai lengvai paruduos, maždaug 10 minučių.

3. Įpilkite grietinėlės ir troškinkite, kol sutirštės, apie 2 minutes. Nukelkite nuo ugnies.

4. Orkaitės centre padėkite lentyną. Įkaitinkite orkaitę iki 375 ° F. Ištepkite sviestu kepimo indą, kurio pakaktų grybų kepurėms viename sluoksnyje.

5. Supilkite grietinėlės mišinį į dangtelius. Sudėkite viršūnes į paruoštą skardą. Pabarstykite džiūvėsėliais. Pabarstykite likusiais 2 šaukštais sviesto.

6. Kepkite grybus 15 minučių arba tol, kol trupiniai taps auksinės rudos spalvos, o kepurėlės suminkštės. Patiekite karštą.

Grybai su pomidorais ir žolelėmis

Al Pomodoro grybai

Padaro 4 porcijas

Šie grybai virti su česnaku, pomidoru ir rozmarinu. Išdėliokite juos ant kiaulienos kotletų ar kepsnio.

1 svaras baltųjų grybų

1/4 puodelio alyvuogių aliejaus

1 česnako skiltelė smulkiai pjaustyta

1 arbatinis šaukštelis susmulkinto šviežio rozmarino

1 didelis pomidoras, nuluptas, išskobtas ir susmulkintas

Druska ir šviežiai malti juodieji pipirai

2 šaukštai kapotų šviežių petražolių

1. Grybus nuvalykite drėgnais popieriniais rankšluosčiais. Nuimkite grybų stiebus ir nupjaukite galus, kuriuose kaupiasi nešvarumai. Grybus supjaustykite pusiau arba ketvirčiais. Didelėje keptuvėje ant vidutinės ugnies įkaitinkite aliejų.

Sudėkite grybus, česnaką ir rozmariną. Kepkite, dažnai maišydami, kol grybai paruduos, maždaug 10 minučių.

2. Įpilkite pomidorų ir druskos bei pipirų pagal skonį. Virkite, kol išgaruos sultys, dar apie 5 minutes. Suberkite petražoles ir nedelsdami patiekite.

grybai marsaloje

Funghi al Marsala

Padaro 4 porcijas

Grybai ir Marsala yra pagaminti vienas kitam. Patiekite juos su vištiena arba jautiena.

1 pakuotė (10–12 uncijų) baltųjų grybų

1/4 puodelio nesūdyto sviesto

1 valgomasis šaukštas alyvuogių aliejaus

1 vidutinis svogūnas susmulkintas

Druska ir šviežiai malti juodieji pipirai

2 šaukštai sausos Marsala

2 šaukštai kapotų šviežių petražolių

1. Grybus nuvalykite drėgnais popieriniais rankšluosčiais. Nuimkite grybų stiebus ir nupjaukite galus, kuriuose kaupiasi nešvarumai. Grybus perpjaukite pusiau arba ketvirčiais, jei jie dideli. Didelėje keptuvėje ant vidutinės ugnies ištirpinkite sviestą su aliejumi. Įdėkite svogūną ir kepkite, kol suminkštės, 5 minutes.

2. Įpilkite grybų, druskos ir pipirų pagal skonį ir Marsalą. Virkite, dažnai maišydami, kol didžioji dalis skysčio išgaruos ir grybai lengvai paruduos, maždaug 10 minučių. Suberkite petražoles ir nukelkite nuo ugnies. Patiekite karštą.

ant grotelių kepti grybai

Funghi alla Griglia

Padaro 4 porcijas

Dideli grybai, tokie kaip portobello, shiitake ir, svarbiausia, kiaulienos, puikiai tinka kepti ant grotelių. Jo tekstūra ir skonis yra mėsingi ir sultingi, kuriuos sustiprina grilio dūmų skonis. Šitakių stiebai per daug sumedėję valgyti. Išmeskite juos ir kepkite tik viršūnes.

4 dideli švieži grybai, tokie kaip šitake, portobello arba porcini

3-4 šaukštai alyvuogių aliejaus

2-3 didelės česnako skiltelės

2 šaukštai kapotų šviežių petražolių

Druska ir šviežiai malti juodieji pipirai

1. Padėkite kepsninę arba grilį maždaug 5 colių atstumu nuo šilumos šaltinio. Įkaitinkite grilį arba šašlykinę.

2. Grybus nuvalykite drėgnais popieriniais rankšluosčiais. Nuimkite grybų stiebus ir nupjaukite galus, kuriuose kaupiasi

nešvarumai. Portobello arba kiaulienos grybų stiebus supjaustykite storais griežinėliais. Išmeskite šitake grybų stiebus. Grybus aptepkite aliejumi. Ant grotelių uždėkite viršūnes ir stiebus taip, kad suapvalintos viršūnėlės būtų link šilumos šaltinio. Kepkite ant grotelių iki šviesiai auksinės spalvos, apie 5 minutes.

3. Mažame dubenyje sumaišykite 2 šaukštus aliejaus, česnaką, petražoles ir druską bei pipirus pagal skonį. Grybų gabalėlius apverskite ir aptepkite aliejaus mišiniu.

4. Kepkite, kol grybai suminkštės, dar 2–3 minutes. Patiekite karštą.

kepti grybai

Funghi Fritti

Padaro 6 porcijas

Šiuos grybus padengia traški džiūvėsėlių plutelė. Jie tinka kaip užkandžiai.

1 puodelis sausų džiūvėsėlių

¼ puodelio šviežiai tarkuoto Parmigiano-Reggiano

2 dideli kiaušiniai, sumušti

Druska ir šviežiai malti juodieji pipirai

1 svaras šviežių baltųjų grybų

Augalinis aliejus kepimui

Citrinos griežinėliai

1. Ant vaškuoto popieriaus lapo sumaišykite džiūvėsėlius su sūriu ir mišiniu paskleiskite ant vaškuoto popieriaus lapo.

2. Nedideliame dubenyje kiaušinius išplakite su druska ir pipirais pagal skonį.

3.Greitai nuplaukite grybus po šaltu vandeniu. Išdžiovinkite juos. Perpjaukite juos per pusę arba ketvirčius, jei jie dideli. Grybus pamirkykite kiaušinių mišinyje ir apvoliokite džiūvėsėliuose, visiškai uždengę. Leiskite dangai išdžiūti apie 10 minučių.

4.Išklokite padėklą popieriniais rankšluosčiais. Plačiame, giliame puode įkaitinkite aliejų, kol nedidelis kiaušinio lašelis sušnypš ir greitai iškeps. Įdėkite grybus į keptuvę, nes jie tilps į vieną sluoksnį ir nesusigrūs. Kepkite grybus, kol jie taps traškūs ir auksiniai, maždaug 4 minutes. Perkelkite ant popierinių rankšluosčių, kad nuvarvėtų. Tuo pačiu būdu apkepkite likusius grybus.

5.Patiekite grybus šiltus su citrinos skilteles.

Grybų gratinas

Tiella di Funghi

Padaro 4 porcijas

Didelius baltus grybus galima naudoti šiame Apulijos sluoksniuotame troškinyje arba pakeisti kitą mėsingą veislę, pavyzdžiui, šitake, portobello ar cremini. Tai arba vamzdynas karštas, arba kambario temperatūros.

1 svaras portabello, cremini arba didelių baltų grybų, storai supjaustytų

½ stiklinės sausų džiūvėsėlių

1 1/2 puodelio šviežiai tarkuoto Pecorino Romano

2 šaukštai kapotų šviežių petražolių

4 šaukštai alyvuogių aliejaus

Druska ir šviežiai malti juodieji pipirai

2 vidutiniai svogūnai, plonais griežinėliais

2 vidutiniai pomidorai, nulupti, išskobti ir supjaustyti

1. Grybus nuvalykite drėgnais popieriniais rankšluosčiais. Nuimkite grybų stiebus ir nupjaukite galus, kuriuose kaupiasi nešvarumai. Grybus supjaustykite bent 1/4 colio storio griežinėliais. Orkaitės centre padėkite lentyną. Įkaitinkite orkaitę iki 350 ° F. 13 × 9 × 2 colių kepimo skardą ištepkite riebalais.

2. Vidutiniame dubenyje sumaišykite džiūvėsėlius, sūrį ir petražoles. Įpilkite 2 šaukštus aliejaus ir druskos bei pipirų pagal skonį.

3. Ant kepimo skardos sluoksniuokite pusę grybų, šiek tiek perdengdami griežinėlius. Ant grybų uždėkite pusę svogūnų ir pomidorų. Pabarstykite druska ir pipirais. Tepkite puse trupinių mišinio. Pakartokite su likusiais ingredientais. Apšlakstykite likusiais 2 šaukštais aliejaus.

4. Kepkite 45 minutes arba kol grybai pradurti peiliu suminkštės. Patiekite karštą.

Austrių grybai su dešra

Funghi al Salsiccie

Padaro 4 porcijas

Mano draugas Philas Cicconis gerai prisimena savo tėvą Gvidą, kilusį iš Ascoli Piceno žygiuose. Jis apsigyveno Vakarų Filadelfijoje, kur buvo vietinių gyventojų anklavas, ir išmokė Filą ieškoti laukinių grybų ir brokolių rapsų šalia savo namų esančiuose laukuose. Dabar Philas tęsia šią tradiciją su trimis dukromis. Ypač vertinami austrių grybai, augantys ant tam tikrų klevų. Taip grybus ruošė iš Abruco atvykusi Filo mama Anna Maria. Jie valgė jį kaip garnyrą su traškia itališka duona.

Šiame recepte galima naudoti ūkiuose auginamus austrių grybus arba pakeisti juos supjaustytais baltais grybais.

1 svaras austrių grybų

2 šaukštai alyvuogių aliejaus

2 česnako skiltelės smulkiai pjaustytos

2 askaloniniai česnakai, smulkiai pjaustyti

8 uncijų saldi itališka kiaulienos dešra, pašalintas apvalkalas

Druska

Žiupsnelis maltų raudonųjų pipirų

1 puodelis nuluptų, be sėklų ir susmulkintų šviežių pomidorų

1. Grybus nuvalykite drėgnais popieriniais rankšluosčiais. Grybus supjaustykite plonomis juostelėmis išilgai žiaunų.

2. Supilkite aliejų į didelę keptuvę. Sudėkite česnaką ir askaloninius česnakus ir kepkite, kol suminkštės, apie 2 minutes. Sudėkite dešrą ir kepkite, dažnai maišydami, kol apskrus.

3. Įpilkite grybų, druskos pagal skonį, maltų raudonųjų pipirų ir gerai išmaišykite. Įpilkite pomidorų ir 1/4 puodelio vandens. Užvirinkite.

4. Sumažinkite ugnį ir uždenkite keptuvę. Virkite, retkarčiais pamaišydami, 30 minučių arba tol, kol dešra suminkštės, o padažas sutirštės. Patiekite karštą.

marinuotos paprikos

Pepperoni Sott'Aceto

Padaro 2 pintus

Spalvingos marinuotos paprikos skanios ant sumuštinių ar su šaltibarščiais. Šie gali būti naudojami gaminantMolise stiliaus pipirų padažas.

2 didelės raudonos paprikos

2 didelės geltonos paprikos

Druska

2 puodeliai baltojo vyno acto

2 puodeliai vandens

Žiupsnelis maltų raudonųjų pipirų

1. Paprikas sudėkite ant pjaustymo lentos. Viena ranka laikydami kotą, uždėkite didelio, sunkaus šefo peilio kraštą tiesiai už dangčio krašto. Nupjauti. Pasukite pipirą 90° ir vėl supjaustykite. Pakartokite, pasukite ir nupjaukite likusias dvi puses. Išmeskite širdį, sėklas ir stiebą, kurie bus vientisi. Nupjaukite plėveles ir išskobkite sėklas. Paprikas supjaustykite išilgai 1 colio

juostelėmis. Paprikas sudėkite į kiaurasamtį ant lėkštės ir pabarstykite druska. Leiskite pastovėti 1 valandą, kad nuvarvėtų.

2. Nereaguojančiame puode sumaišykite actą, vandenį ir susmulkintus raudonuosius pipirus. Užvirinkite. Nukelkite nuo ugnies ir leiskite šiek tiek atvėsti.

3. Nuplaukite paprikas po šaltu vandeniu ir nusausinkite. Supakuokite pipirus į 2 sterilizuotus pintos stiklainius. Supilkite atvėsusį acto mišinį ir uždarykite. Prieš naudojimą palikite 1 savaitę vėsioje, tamsioje vietoje.

Paprikos su migdolais

Pepperoni visi Mandorle

Padaro 4 porcijas

Sena mano mamos draugė, kurios šeima kilusi iš Iskijos, nedidelės Neapolio įlankos salos, jai davė šį receptą. Ji mėgo patiekti pietums ant alyvuogių aliejuje iki auksinės rudos spalvos keptų itališkos duonos riekelių.

2 raudonos ir 2 geltonos paprikos

1 česnako skiltelė, lengvai sutraiškyta

3 šaukštai alyvuogių aliejaus

2 vidutiniai pomidorai, nulupti, išskobti ir supjaustyti

1/4 puodelio vandens

2 šaukštai kaparėlių

4 susmulkintos ančiuvių filė

4 uncijos skrudintų migdolų, stambiai pjaustytų

1. Paprikas sudėkite ant pjaustymo lentos. Viena ranka laikydami kotą, uždėkite didelio, sunkaus šefo peilio kraštą tiesiai už dangčio krašto. Nupjauti. Pasukite pipirą 90° ir vėl supjaustykite. Pakartokite, pasukite ir nupjaukite likusias dvi puses. Išmeskite širdį, sėklas ir stiebą, kurie bus vientisi. Nupjaukite plėveles ir išskobkite sėklas.

2. Didelėje keptuvėje apkepkite česnaką su aliejumi ant vidutinės ugnies, vieną ar du kartus paspausdami česnaką šaukšto nugara. Kai tik jis lengvai paruduos, apie 4 minutes česnaką išmeskite.

3. Į keptuvę suberkite paprikas. Virkite, dažnai maišydami, kol suminkštės, apie 15 minučių.

4. Įpilkite pomidorų ir vandens. Virkite, kol padažas sutirštės, dar apie 15 minučių.

5. Sudėkite kaparėlius, ančiuvius ir migdolus. Išbandykite druską. Virkite dar 2 minutes. Prieš patiekdami leiskite šiek tiek atvėsti.

www.ingramcontent.com/pod-product-compliance
Lightning Source LLC
Chambersburg PA
CBHW071434080526
44587CB00014B/1843